JN081405

# 第33版 東京都 主任試験 ハンドブック

都政新報社

# はしがき

　いつの時代も「組織は人なり」といわれます。時代の変化とともに都政を取り巻く状況が厳しくなり、この言葉の意味が改めて問われているのではないでしょうか。

　東京都庁に限らず、様々な組織でその命運を握るのは、組織活動を支える職員一人ひとりの力量です。都政においても事務の効率化や少数精鋭が求められ、具体的に課題を把握し、その解決策を的確かつスピード感を持って自ら導き出せる知識や能力を有する職員の存在は欠かせません。主任とは、日常業務を通じた様々な課題に的確に対応できる者として、能力実証された実務の中枢を担う職員です。

　また、主任級職選考は、人事任用制度の入り口として、その後の課長代理級、管理職昇任へのいわば登竜門です。

　2022年度（令和4年度）の主任級職選考の合格者は、種別A・Bを合わせて970人でした。合格率はAⅠ類で35.6％、AⅡ類で27.3％、Bで51.8％、全体では35.3％です。決して簡単な選考ではありませんが、日々の職務をきちんとこなし、計画的に準備を積み重ねれば、誰にでも合格チャンスのある選考です。

　本書は都政新報に連載した「主任選考講座」を再編集してまとめたものです。忙しい方にとっても、効率的・効果的に勉強を進めるための道しるべとして活用できるように工夫しました。弊社で発行している地方自治法、地方公務員法、行政法の『実戦150題』シリーズや、1日10分の『買いたい新書』シリーズなども、あわせてご活用いただければ幸いです。

　2023年6月

㈱都政新報社　出版部

はしがき

第 **3** 章　論文攻略法

# 主任選考制度の概要

## 第1節 主任試験の内容と勉強法

# 主任とは

　すでに主任を目指している皆さんには「何を今さら」ということかもしれません が、ここで改めて主任とは何か、整理したいと思います。

　「主任制度」は、昭和61年度に導入されました。現行の人事制度上、主任とは「特に高度な知識または経験を必要とする係員の職」となっています。具体的には、他の部署との折衝や調整、組織内外における円滑なコミュニケーションの確保、後輩職員の指導などを通じ、監督職を補佐することが主任の職責といえます。また、各職場における中核を担う職員として不可欠な存在であり、職員一人ひとりの資質・能力のさらなる向上が求められています。

　そして、課長代理選考や管理職選考は、主任にならないと、その対象とはなりません。したがって将来、監督職や管理職として都政運営に携わっていきたいと考えている皆さんには、どうしても越えなければならない第一の関門となります。

　主任級職選考に合格するためには、基礎的法令等に関する知識や都政に関する知識、そして自らの視点で課題を抽出し、分析、解決策を考えて、論理的に論述する表現力など、広範囲の知識や能力が要求されます。これらは、主任級職員として仕事をしていくにあたり必要不可欠な、最低限の知識や能力となります。したがって、主任級職選考に向けた対策を単なる「試験勉強」として捉えるのではなく、これを契機に都職員としてのキャリアアップを図るのだ、という前向きな姿勢で取り組むことが合格の道へとつながっていきます。

# 対策のポイント

　仕事をしながら限られた時間の中で、効率的に対策を進めるためには、次の点が重要となってきます。

## 1　相手（筆記考査）を知ること

　「敵を知り、己を知れば百戦危うからず」と言うように、まず対策を進めていく際に、主任級職選考の筆記考査では、どのような問題が実際に出題され、どのような傾向があるのかを知ることは、とても大切です。

　まずは、過去問題や研修資料等を通じて、よく出題される分野や難易度をつかむことが合格への近道になります。合格に必要な内容・レベル感と自分の現状を比較することで、各科目で必要となる対策が把握できますので、今後スケジュールを立てる際に役立ててください。

　また、教養問題は必ずしも満点をとることを求められるものではありません。平均点以上の点数をとれば十分に合格が見えてきますので、自分の得意・不得意も踏まえ、どの科目で何点とるのかを意識しておくとよいでしょう。

## 2　スケジュールを立て、勉強する習慣を身に付ける

　勉強を始めるということは、多くの人にとって、なかなか気の進まないものだと思われます。特に、学生時代の試験勉強とは異なり、仕事をしながら勉強をするということは想像以上に大変な取り組みとなります。だからこそ、なるべく早い時期から対策に取りかかり、少しずつでも良いので、勉強をする習慣を身に付けることが大切です。

　ある意味で、勉強する習慣や生活リズムを早期に身に付けることができれば、対策のうちの半分は達成したといっても過言ではありません。いつ（まとまった時間が確保できるのは平日か休日か、通勤時間や昼休みなど細切れの時間はどれくらい確保できるかなど）、どこで（自分が集中できるのは自宅か、図書館やカフェかなど）、何を・どのように（各科目で問題集を何回繰り返すのかなど）の観点で、自分にとって最も勉強しやすい時間帯や環境、必要な対策を考えてみてください。

勉強する習慣を無理なく、そして、できるだけ早期に身に付けるため、学生時代の試験勉強の経験や自身の性格、仕事の状況等を踏まえつつ、自分にとって効率的に勉強しやすい環境等を見つけ、準備するようにしましょう。

　そうした上で、担当している職務の繁忙期等も考慮しながら、ある程度の余裕を持ったスケジュールを立てましょう。勉強を進めていく過程で、仕事が忙しい時などはスケジュール通りに進まないこともありますが、焦る必要はありません。各科目に要する時間を意識しながら、スケジュールを適宜修正していくようにしましょう。

## 3　強い気持ちを持つ

　主任級職選考に挑戦する以上は今回で合格する、という強い信念と断固たる決意を持って取り組むことが極めて重要です。

　仕事をしながら対策を続けていくということは、とても大変なことです。思うように進まなかったりすると、仕事も忙しいことから諦めにも近い気持ちが生まれることもあります。しかし、今年が忙しければ来年もまた同じように忙しいのではないでしょうか。このような苦しい対策をもう1年繰り返すことを思えば、今年1年頑張って、なんとしても今回で合格するという心構えで主任級職選考に向き合いましょう。

　「絶対に、今回で合格します」と上司や職場に宣言し、甘くなりがちな自分自身の退路を断つ、という方法も有効です。そうすることで、周囲の理解や応援を得られるとともに、自らのモチベーションの維持にもつながります。有言実行、強い気持ちを内外に示して取り組んでみてください。

## 4　勉強仲間をつくる

　人間誰しも自らには甘くなりがちであり、ひとりで計画的に勉強を進めることはなかなか難しいものです。仕事の忙しさから勉強が遅れたり、やる気がなくなったり、家のことなどでなかなか勉強に時間を割けないことがあるかもしれません。また、そうしたことから、様々な焦りや不安に襲われたりもすることもあります。

　そのようなときに、仲間として、そしてライバルとして切磋琢磨しながら励まし合うことができる同期などがいると、精神的にプラスになり、勉強意欲も湧いてきます。さらに、お互いに出題予想をしたり、情報交換をするな

ど、効率的な勉強を進める上でも大いに役立ちます。

　対策を進めていく上では、問題集を解きながら、適宜、解説や根拠にあたるという手法が基本となりますが、根本的な理解を深め、知識の定着を図るという意味では、「調べる」「教える」という方法が効果的です。そのために、例えば、勉強仲間で科目等の分担を決めて、お互いに出題・解説し合うなどの勉強会を実施することはお勧めの対策法の一つです。

### 5　常に問題意識を持って仕事に取り組むこと

　そして最後に、常に問題意識を持ちながら仕事に取り組んでいくことです。程度の差こそあれ、主任級職選考の問題は必ず都政に関わっています。職務を遂行する上で、その事務の根拠は何か、なぜこのような事務が必要なのか、国や社会経済の動向が自分の仕事にどう関わってくるのかなど、常に考えをめぐらせていることが大変重要です。このような日々の問題意識の持ち方は、択一式の教養問題はもちろん、都政や職場運営に関する見解を問う論文においても必ず役に立ってきます。

　当然のことですが、仕事をおろそかにして勉強に没頭するなどということは、もってのほかと言えます。このことは、制度の名称が主任「試験」ではなく主任級職「選考」であるということや、合否が日頃の勤務態度などを含めた総合評価で決まることからも明らかです。都職員として仕事を進めていく過程のその先に主任級職選考があることを決して忘れないでください。

## 択一式問題

　平成29年度から、教養試験（択一）については、主任級職として必要な基礎的な法令知識の能力実証を図ること、また幅広い視野を持った職員を育成すること等から、出題構成等の見直しが行われました。

　択一式問題は、分野ごとに幅広く知識を問われますので、しっかりと勉強しておく必要があります。ここでは出題分野について勉強方法の概論を述べます。

## 主任級職選考の出題構成

### ■主任AⅠ類（事務）

| 教養 | 統計資料の見方 | 2 |
|---|---|---|
| | 基礎的法令（憲法の基礎知識） | 3 |
| | 基礎的法令（行政法の基礎知識） | 10 |
| | 地方自治制度 | 10 |
| | 地方公務員制度 | 10 |
| | 都政実務 | 13 |
| | 都政事情 | 7 |
| | 55題（2時間45分） | |
| 論文 | 2題出題、1題選択解答（2時間30分）<br>（1）300字以上500字程度<br>（2）1,200字以上1,500字程度 | |

### ■主任AⅡ類

| 教養 | 統計資料の見方 | 2 |
|---|---|---|
| | 基礎的法令（憲法の基礎知識） | － |
| | 基礎的法令（行政法の基礎知識） | － |
| | 地方自治制度 | － |
| | 地方公務員制度 | 8 |
| | 都政実務 | 13 |
| | 都政事情 | 7 |
| | 30題（1時間30分） | |
| 論文 | 2題出題、1題選択解答（2時間30分）<br>（1）300字以上500字程度<br>（2）1,200字以上1,500字程度 | |

### ■主任AⅠ類（土木・建築・機械・電気）

| 教養A | 統計資料の見方 | 2 |
|---|---|---|
| | 基礎的法令（憲法の基礎知識） | 3 |
| | 基礎的法令（行政法の基礎知識） | 6 |
| | 地方自治制度 | 6 |
| | 地方公務員制度 | 8 |
| | 都政実務 | 13 |
| | 都政事情 | 7 |
| | 45題（2時間15分） | |
| 教養B | 基礎的専門知識について、<br>記述式（語句説明・計算問題）<br>7題出題、3題選択解答（1時間） | |
| 論文 | 2題出題、1題選択解答（2時間30分）<br>（1）300字以上500字程度<br>（2）1,200字以上1,500字程度 | |

## 【統計資料の見方】

　統計に関する知識、定義の理解が必要となります。平成29年度からは資料解釈が廃止され、『職員ハンドブック』第9章統計の範囲から、例年2題の出題となっています。過去問題等から出題形式を分析し、効率的に、解答に必要な知識や計算方法を身に付けていきましょう。

　対象分野の広い法律科目に比べて「統計資料の見方」の対策は後回しになりがちですが、慣れれば確実な得点源となりえます。着実に勉強を進めましょう。

## 【基礎的法令】

　主任AI類のみ、憲法と行政法について出題されます。この分野は知識がものをいいます。コンパクトにまとまった参考書等で知識を整理するとともに、過去問題や問題集を数多くこなしていきましょう。法律科目の全てに共通することですが、学習する際は最新の根拠条文にあたることも大切です。

　なお、法律科目の勉強が初めてという方は、まず憲法から取り掛かってみましょう。基本的な考え方や要点を押さえることで、消去法等を用いながら正答を導き出すことが十分可能です。

## 【地方自治制度】

　地方自治制度も主任AI類のみの出題です。この分野も正確な知識を身に付けることが重要となりますが、法律の範囲が広いので、はじめに過去問題や問題集を解き、出題の傾向を把握してから、なるべくコンパクトにまとまった参考書等で知識を整理していく方法も有効です。過去問題や問題集を数多くこなすこと、不明な点は根拠条文に当たることが得点への近道となります。その際は、必ず最新の条文にあたるようにしてください。直近の改正内容は、総務省HP等から資料を集めるとよいでしょう。地方自治法は、言うまでもなく地方自治に携わる者としては基本となる法律です。筆記考査対策ということを契機に、理解を深めるようにしましょう。

## 【地方公務員制度】

　主任AI類、Ⅱ類ともに出題されます。この分野もやはり知識がものを言います。直接、条文を参照しながら参考書等で知識を整理するとよいでしょう。過去問題や問題集を数多くこなすこと、不明な点は他の法律分野と同様に最新の条文に当たることが得点への近道となります。数多く問題をこなすことによって、知識が確実なものとなりますので、問題集については、少なくとも2回、できれば3回は繰り返し解き、不正解の問題については徹底的に解説や根拠条文にあたるようにしましょう。

## 【都政実務】

　都政実務は、都職員としての日々の業務に密接に結びついた分野からの出題となります。出題数も多いことから確実な得点源としたいところです。ま

ずは『職員ハンドブック』の熟読が基本となりますが、その他にも必要に応じて各種の手引等も精読し、数多くの問題演習をしてください。そのため、過去問題を解くなどの対策はもちろんのこと、日々の仕事の根拠を改めて確認したり、疑問に感じたことをその都度調べたりするような地道な取り組みも重要となってきます。このような取り組みは、今後も仕事を進めていく上で非常に大切なことです。

　なお、平成29年度からは、「人事」「文書」「財務」等の主要分野を中心に、13題程度の出題となっています。

### 【都政事情】

　都政事情は、試験直前に集中的に取り組むことをお勧めします。都の基本方針や各局の主要事業、計画等については、日頃から新聞や都政新報、「とちょうダイアリー」などに目を通しておくとよいでしょう。その際、全ての内容を正確に理解・記憶することは難しいと思いますので、自分に合った方法で情報収集をしておくと、直前の労力軽減につながると思います。なお、平成29年度からは、7題程度の出題となっています。

# 論文

　主任AI類の論文試験では、2時間30分で1500～2000字程度の論文を作成します。論文では、問題意識・問題解決力・論理性・表現力等が問われることになります。いきなり合格レベルの論文を書き上げるのは至難の業です。まずは一本書くことを目標にしましょう。完成した論文は、必ず先輩や上司に見てもらい、指導や添削を受けるようにすることが大切です。

　なお、平成29年度から論文の出題形式が変わり、「都政に関する出題」「職場に関する出題」ともに1～4点程度の資料が添付されます。受験者は、資料から課題を抽出・分析した上で具体的な解決策を考え、問題意識や問題解決力、論理的に論述する表現力が問われることになります。

# 合格体験記

## 合格者の論文を分析／主任Ａ事務

　私は令和元年度に前倒しで択一試験を受験して択一免除となり、令和２年度に論文試験を受験して主任試験に合格しました。

　周りに数回不合格の人がいたことと、大学入試や入都試験で不合格の経験があり試験に苦手意識があったため、択一は10カ月、論文は９カ月程度の勉強期間を設けました。

　やる気がある日は一日中勉強する一方、全く勉強をしない日もありました。ただ、直前の８月ごろからは周りも本格的に勉強しているように感じ、平日で２〜３時間、土日で８時間くらい勉強していました。

### ○択一試験対策について

　約10年分の過去問を集め、得意不得意や出題数により、どの科目をどの程度勉強していくか月単位の「大計画」を立てました。その上で、今週解く問題数を設定するなど週単位の「小計画」を立て勉強しました。

　似たような問題が何度も出題される傾向があったので、過去問を何度も解く問題演習で勉強しました。その際、五肢択一から正しい選択肢を選ぶだけではなく、誤りの選択肢も活用して勉強しました。具体的には、誤りの選択肢の上に赤字で正しい内容に修正したうえ、それを赤シートで隠しながら何度も繰り返し、出題のポイントを研究しました。不明箇所は『職員ハンドブック』などで補足することもありましたが、基本的に問題演習を中心とすることで効率的に出題ポイントを把握することができました。

### ○論文試験について

　合格者の再現論文を集め、構成分析をしました。この中で論文が(1)資料分析、(2)論点、(3)背景、(4)解決策、(5)具体策、という５要素で構成され、

(1)以外は事前準備が可能であったことから、(2)〜(5)について論点のブロック集を作成しました。例えば、防災のテーマであれば、(2)＝地域における防災対策という論点を想定し、(3)＝地域コミュニティーの希薄化という背景、(4)＝自助・共助への都の取り組みという解決策、(5)＝都民参加型の防災体験の実施という具体策の論点のブロック（実際は都の計画等でもう少し肉付けした内容です）を作成しました。最終的に約60論点を準備し、当日は問題の資料分析をして構成を考え、対応するブロックを使い論文を作成しました。

　並行して都政新報の主任選考講座の想定問題などで論文を書き、添削は２人の課長にお願いしました。採点者が誰であっても合格する必要がある以上、複数者に添削をお願いした方が良いためです。当初はたくさんの添削が入りましたが、１文１文を丁寧に見直すことで、文章が整っていきました。最終的に都政もの三つ、外れた場合に備え職場もの一つの論文を仕上げました。当日は準備した都政ものを書きましたが、どちらも準備しておくと安心感があります。

　なお、論文は試験時間に余裕がないため、構成や答案作成の時間配分を初めに考え、論文に着手することをお勧めします。

　以上一つの勉強例ですが、皆様の参考となれば幸いです。仕事と並行しての勉強は大変だと思いますが、合格を勝ち取れることを願っています。


# 択一対策は反復、論文は推敲／主任Ａ事務


　私は、令和２年度に前倒しで択一試験を受けて択一免除となり、令和３年度に論文試験を受けて主任試験に合格しました。私の試験対策や試験勉強を通して感じたことなどをお伝えできればと思います。


## ○択一試験について

　択一試験の対策をする上で重要なことは、問題集を何度も何度も繰り返すことであると思います。択一試験で出題される問題は、過去に出題された問題と類似していることが多いです。また、反復して学習することで知識の定着が図られ、試験当日に自信をもって解答を選択できるようになります。

　業務の都合などにより、試験直前に十分な勉強時間を取ることができるとは限らないので、余裕をもって試験に臨めるよう、4月ごろから勉強を始めました。各科目の問題集を購入し、試験当日まで4、5回繰り返しました。なお、問題集の解説はある程度内容を理解していることが前提の説明で、これだけでは理解できなかったので、参考書も活用して勉強していました。平日は業務の都合上まとまった時間を確保することが難しかったので、通勤時間や隙間時間を活用し、休日にはある程度の時間を確保して勉強していました。

## ○論文試験について

　論文試験の対策をする上で重要なことは、「論文の型」を決めておくこと、課長に添削していただくこと、「問題・課題・解決策」を準備しておくことであると思います。

　論文試験当日に一から考え始めていては時間内に書き上げることは難しいため、事前に準備した「論文の型」と「問題・課題・解決策」にいかに落とし込めるかが鍵になってくると思います。また、論文対策において独力では限界があるので、課長に添削していただき、自分では気づけない点などを指摘いただくことで、求められているレベルの論文に近づけることができると思います。

　私は、試験直前に慌てることのないよう、6月ごろから勉強を始めました。都政新報の主任選考講座や合格者再現論文に目を通して、論文作成の方法や論文の型、活用できそうな表現などを吸収しました。それと並行して、前年度の論文試験の問題を書き上げることに努めました。ある程度の内容にまとまったら、課長に添削をお願いし、いただいた指摘を踏まえて、練り直し、仕上げました。

　この1本を仕上げることができた後、他の問題にも挑戦し、試験までに4、5本は書き上げました。直前期には、当日の時間配分をイメージしながら、時間を計って論文を書く練習をしました。

　基本的には休日にまとまった時間を確保して論文を書くようにし、平日は通勤時間などで「問題・課題・解決策」を考えたり、考えた「問題・課題・解決策」に目を通すようにしていました。

　仕事でも私生活でも一人ひとり置かれている状況が異なります。時には思

うように試験対策ができずに焦りが生じることもあるかもしれませんが、試験当日まで諦めずにできる限りの対策を行って臨めば、結果はついてくるのではないかと思っています。私の体験記が今後受験される方にとって少しでもお役に立つことができれば幸いです。

# 択一式
# 教養問題A

# 第1節 統計資料の見方

　統計資料の見方は、職務を遂行する上で必要となる各種統計資料を正しく理解できるかを問うものです。

　主任選考では、平成29年度に、基礎的な法令知識等、主任級職にふさわしい能力をより一層適切に実証していくといった観点から、出題構成等の見直しが行われました。その一環として、これまで出題されていた「資料解釈」の分野が廃止となり、『職員ハンドブック』の「統計」の分野から2問の出題となっています。

　総出題数から見ると、全体に占めるウエートは決して高くありませんが、統計学の基本的な知識及び計算方法さえ身に付けていれば確実に得点可能です。また、実務上でも活用できる知識であり、都職員として身に付けておきたい分野でもあります。

　統計資料の見方で確実に得点するためには、正確な知識を身に付けることが必要不可欠です。効率よく勉強し、確実に知識を習得しましょう。

## 出題傾向

　統計資料の見方に関する出題範囲としては、出題構成等の見直しが行われる以前と変わりなく、統計上の用語や概念を問う問題が出題されています。難易度はさほど高くなく、計算を伴う場合であっても、簡単な四則演算で求められるものにとどまります。『職員ハンドブック』記載の内容をしっかり習得すれば、確実に正しい解答をすることができます。

　平成28年度までは、年度別の登録件数の構成比を積み上げグラフから読み取る設問や、商品別販売額の対前年比増加率を折れ線グラフから解釈する設問等が「資料解釈」として出題されていましたが、平成29年度以降は出題されておらず、令和5年度も出題されないものと想定されます。直近3年の出題分野を見てみると、令和2年度は統計の基礎知識と偏差値、令和3年

度は基礎知識とラスパイレス式指数、令和4年度は基礎知識と分散と、いずれも基礎的な知識を問う問題が出題されています。

# 解法のポイント

統計資料の見方は、用語の定義等の統計の基礎知識を身に付けていれば短時間で確実に正解を見つけることができます。『職員ハンドブック』の該当部分を繰り返し読み解くなど、基礎的な知識の習得に努めましょう。

## 1 定義を理解する

『職員ハンドブック』をもとに、用語の定義を解説していきます。

まずは代表値についてです。代表値は分布を代表する値のことと定義されます。分布上の全変数に関する代表値である「計算による平均」と分布上の位置によって決まる代表値である「位置による平均」の2つがあります。ここでは、3つの用語を紹介します。(1)算術平均…変数の総和をその項数で割って計算される平均値です。(2)中央値…集団の値の大きさの順に並べたときの、中央に位置している値です。集団の個数が偶数の場合は、中央の2項の中間、すなわち2つの変数を加えて2で割った値となります。(3)最頻値…分布の峰に対する値、あるいは、統計資料の度数分布で、度数が最も多く現れる値です。最頻値を含む階級を、その両端の階級の度数で比例分配する等で求めます。

次に、分散度についてです。分散度は、平均値だけで集団の特性が十分に表すことができないことを踏まえ、これを補完して集団の特性を十分に表すような特性値のひとつです。ここでは2つの用語を紹介します。(1)分散…データが平均値を中心に、どの程度散らばっているかを示す値であり、平均値に対する偏差の二乗和(平方和)の平均で定義されます。データの散らばりが大きいと分散も大きくなり、散らばりが小さいと分散はゼロに近づきます。(2)標準偏差…分散と同様に、データが平均値を中心にどの程度散らばっているかを示す値です。分散の平方根で定義されます。データの散らばりが大きいと標準偏差も大きくなる性質も分散と同様です。標準偏差を求める

ためには、まずは分散を計算する必要があります。

　次に、統計比についてです。統計比は、集団内・集団間の比率や増減の割合などを表す比率であり、ここでは5つの用語を紹介します。(1)構成比…全体に占める個々の内訳（通常は百分率）で表されます。(2)変化率…一般に期間の始め（期首）の値に対する期間中の増減数の割合（百分率）で表します。(3)寄与度…各項目の変化が全体をどの程度の割合で変化させたかを示すものであり、総数の期首の値に占める内訳項目の変化数の割合（百分率）で表します。したがって、各項目の寄与度の合計は、総数の変化率に等しくなります。(4)寄与率…各項目の変化が、全体にどの程度の影響を与えたかを百分率で表します。したがって、各項目の寄与率を合計すると100になります。(5)指数…同一現象の時間的な変化または場所的な変化を、ある時点または場所を基準（100）として相対的に示すものです。

　最後に回帰分析です。ある変数xを原因（独立変数）、yを結果（従属変数）とする関係があるときに、両変数間の量的関係を$y = f(x)$という回帰方程式で表すことを回帰分析といいます。両変数間の量的関係が、最も簡単な1次方程式$y = a + bx$で示される場合、係数a、bを回帰母数と呼び、特に、bを回帰係数といいます。また、独立変数が1つの回帰分析を単回帰分析といい、独立変数が2つ以上の回帰分析を重回帰分析といいます。

　これらのような用語の定義を確実に理解すると同時に、日頃から表やグラフに見慣れておくことも対策の一つです。新聞、雑誌、書籍など、普段の生活や仕事でグラフに触れる機会があれば、身に付けた統計知識を意識して資料を読むことを心がけてみましょう。


## 2　計算方法を覚える

　計算問題が出題された場合でも、統計の基礎知識を理解していれば問題ありません。設問の表の中のどの数字を使用すれば正しい答えを導き出せるのかを見極めれば回答を導くことができます。『職員ハンドブック』に代表的な計算例が記載されていますので、計算が苦手な方は、一度計算式をなぞるなどして、計算方法を覚えるようにしましょう。計算自体は、難しいものではないので、余白部分を使って計算をすれば時間内に十分に答えを算出できます。

『職員ハンドブック』に記載されている設問に加えて問題演習を行いたい人は、Σ（シグマ）を使った計算（分散や標準偏差、ラスパイレス式・パーシェ式指数を求める場合などに活用する）方法について、市販の参考書等を元に勉強されることをお勧めします。

**問題 1** 統計データの分析に関する記述として、妥当なのはどれか。

1 指数とは、同一現象の時間的な変化または場所的な変化を、ある時点または場所を基準として相対的に示すものである。

2 相関指数は、変数間の関係の方向と強さを示す尺度で、0から100までの値をとる。

3 全数調査は、母集団の一部を抽出し全体を推定しようとする調査であり、その集団に関する標識について、地域的にも詳細な統計を作成することが可能である。

4 一次統計は、何らかの調査を行うことによって集められた情報から作成される統計で、業務統計と加工統計に分けられる。

5 価格と数量を把握するには、通常大規模な調査を必要とするが、パーシェ式は基準時点で一度これらの調査をすれば、以降は価格だけ調査すれば済む。

**解説 1**

「統計資料の見方」では、まずは用語の定義を正しく理解しておくことが非常に重要です。はじめはとっつきにくく感じるかもしれませんが、『職員ハンドブック』等を活用し、基本的な知識を身に付けておきましょう。

1 **正しい。**

2 **誤り。** 前半は正しいが、相関係数は、マイナス1からプラス1までの値をとる。

3 **誤り。** 全数調査は、調査対象全体（母集団）を網羅的に調査する統計調査である。

4 **誤り。** 一次統計は、一般に統計調査の結果から直接得られる統計で、調

査統計と業務統計に分けられる。問題文中の加工統計は、二次統計である。

5　**誤り**。本肢の記述は、ラスパイレス式に関するものである。パーシェ式は、比較時の数量を固定して算出する。

**正答　1**

## 問題2　統計データの分析に関する記述として、妥当なのはどれか。

1　最頻値とは、集団の値を大きさの順に並べたときの、中央に位置している値をいう。集団の個数が偶数の場合は中央の2項の中間、すなわち二つの変数を加えて2で割った値を最頻値とする。

2　変化率とは、各項目の変化が、全体の変化にどの程度の影響を与えたかを百分率（％）で表したものであり、各項目の変化率を合計すると100になる。

3　総合指数の算式で代表的なものとしては、基準値の数量を固定する「パーシェ式」と、比較時の数量を固定する「ラスパイレス式」がある。

4　代表値とは、変数の総和をその項数で割って計算される平均値をいう。

5　寄与度とは、各項目の変化が全体をどの程度の割合で変化させたかを示すものであり、各項目の寄与度の合計は、総数の変化等に等しい。

## 解説2

1　**誤り**。本肢の記述は、中央値に関するものである。

2　**誤り**。本肢の記述は、寄与率に関するものである。

3　**誤り**。「パーシェ式」と「ラスパイレス式」に関する記述が逆である。

4　**誤り**。本肢の記述は、算術平均に関するものである。

5　**正しい**。

**正答　5**

## 問題3　次の表は、A県の決算の内訳を示している。令和3年度に対する令和4年度の一般会計決算の寄与率として、正しいのはどれか。なお、計算結果は、小数点第一位を四捨五入するものとする。

1　14%

2　33%

3　167%

4　226%

5　300%

<寄与率>　　　　　　　　　　　　　（単位：百万円）

|  | 令和4年度 | 令和3年度 |
|---|---|---|
| 一般会計決算 | 850,000 | 820,000 |
| 特別会計決算 | 580,000 | 560,000 |
| 決算合計 | 1,430,000 | 1,380,000 |

**解説 3**

　寄与率に関する問題は、平成26年度、平成29年度及び平成30年度に出題されており、出題頻度の高い分野と言えます。

　寄与率とは、各項目の増減が、全体の増減にどの程度の影響を与えたかを百分率（％）で表した値です。内訳項目の増減を、全体の増減で除し、100を乗じて求めます。

　全体の増減は、1430000百万円－1380000百万円＝50000百万円です。

　一般会計決算は、対前年度と比較し、85000百万円－82000百万円＝30000百万円の増となったので、寄与率は、50000百万円÷30000百万円×100＝167％（小数点第一位を四捨五入）となり、3が正答となります。

**正答　3**

**問題 4**　次の表は、あるクラスの数学のテストの得点状況を集計したものである。このクラスの中央値として、正しいのはどれか。

1　45

2　50

3　54

4　55

5　60

<中央値>

| 得　点 | 人　数 |
|-------|-------|
| 100 | 1 |
| 90 | 1 |
| 80 | 3 |
| 70 | 5 |
| 60 | 10 |
| 50 | 8 |
| 40 | 5 |
| 30 | 5 |
| 20 | 1 |
| 10 | 1 |
| 計 | 40 |

## 解説 4

　中央値に関する問題は、平成24年度及び令和元年度に出題されました。

　中央値は集団の値の大きさの順に並べたときの中央に位置している値です。集団の個数が偶数の場合は、中央の2項の中間、すなわち2つの変数を加えて2で割った値となります。

　クラスの人数は40人と偶数であることから、中間に位置する20番目と21番目の得点を足して2で割った値が中央値となります。表から、20番目は60点、21番目は50点なので、$(60 + 50) \div 2 = 55$ となり、4が正答となります。

**正答　4**

# 第2節 憲法

憲法は国の最高法規であり、その習得は公務員として職務を行っていく上で必須であることは言うまでもありません。また、令和3年6月に「日本国憲法の改正手続きに関する法律」（いわゆる「国民投票法」）が一部改正されたことや、憲法改正の是非に対する見解が日々有識者から出されるなど、憲法に対する社会的な関心も広がりつつあります。今回、主任級職選考のために学んでいくことは、今後の職務に生かせるだけでなく、社会動向を知るためにも有益ですので、出題数は決して多くはないですが、ぜひ腰を据えて勉強してください。

次に、個別の出題分野を見ていきましょう。基本的人権の分野では、問題集などの勉強を通じて、憲法の本質的な考え方を理解すれば、本番の試験でも正答に結びつきやすくなります。統治機構の分野では、細かい事項まで問われることが多く、憲法の条文をある程度暗記することで得点につながると考えられます。

## 出題傾向

出題数が3問になった平成15年度以降では、条文や用語の意味を正確に知らないと正誤の判定ができない選択肢が多くなっています。しかし、憲法の考え方をおさえて勉強すれば、条文等を暗記していなくても正答にたどりつくことができます。

過去10年間の出題は次のとおりです。

〔平成25年度〕　①表現の自由
　　　　　　　　②内閣の権能
　　　　　　　　③租税法律主義

27

〔平成 26 年度〕 ①経済的自由権

②司法権の独立

③内閣総理大臣の地位及び権能

〔平成 27 年度〕 ①信教の自由

②社会権

③衆議院の優越

〔平成 28 年度〕 ①思想及び良心の自由

②職業選択の自由

③衆議院の解散

〔平成 29 年度〕 ①法の下の平等

②請願権

③租税法律主義

〔平成 30 年度〕 ①表現の自由

②違憲審査権

③経済的自由権

〔令和元年度〕 ①人身の自由

②生存権

③内閣及び内閣総理大臣

〔令和 2 年度〕 ①職業選択の自由

②財産権

③司法権の独立

〔令和 3 年度〕 ①社会権

②内閣の権能

③裁判官の身分保障

〔令和 4 年度〕 ①法の下の平等

②人身の自由

③衆議院と参議院の関係

　以上のように、過去 10 年間の出題傾向を見ても、大きな偏りはなく、広い範囲から出題されていることが分かります。いずれも基礎的な知識を問う問題が多く出題されていますので、問題集を繰り返し解くなど基礎的な知識の習得に努め、確実に得点できるよう準備しておきましょう。

**問題 1**　憲法に定める表現の自由に関する記述として、妥当なのはどれか。

1　報道は事実を知らせるものであり、特定の思想を表明するものではないため、報道の自由は、憲法が保障する表現の自由には含まれない。

2　アクセス権とは、一般国民がマス・メディアに対して自己の意見を発表する場を提供するよう要求する権利のことであり、表現の自由における具体的権利として認められる。

3　表現の自由を中心とする精神的自由を規制する立法の合憲性は、経済的自由を規制する立法よりも厳格な基準によって審査されなければならないという考え方を、二重の基準論と呼んでいる。

4　最高裁判所は、新潟県公安条例事件において、条例により一般的な許可制を定めて集団示威運動を事前に抑制することは、憲法の趣旨に反しないと判示した。

5　最高裁判所は、北方ジャーナル事件において、雑誌の内容が名誉毀損に当たるとして発売前に差し止めた仮処分は、検閲に当たると判示した。

**解説 1**

1　**誤り**。報道は事実を知らせるものであり、特定の思想を表明するものではないが、報道のために報道内容の編集という知的作業が行われ、送り手の意見が表明されることなどから、報道の自由も表現の自由の保障に含まれるとされる。

2　**誤り**。前段のアクセス権の説明は正しいが、アクセス権が具体的権利となるためには、特別の法律が制定されなければならないと考えられており、後段は誤り。

3　**正しい**。精神的自由は、立憲民主政の政治過程によって不可欠の権利であるから、経済的自由に比べて優先的地位を占めるとし、精神的自由を規制する立法の合憲性は、経済的自由を規制する立法よりも、とくに厳格な基準によって審査されなければならないという考え方を二重の基準論という。

4　**誤り**。公衆の集団示威運動は、公共の福祉に反するような不当な目的ま

たは方法によらないかぎり、本来国民の自由とするところであるから、一般的な許可制を定めてこれを事前に抑制することは、憲法の趣旨に反し許されないとした（最大判昭29.11.24）。

5　**誤り**。検閲とは、行政権が主体となり、思想内容等の表現物を対象とし、その全部または一部の発表の禁止を目的として、発表前に内容を審査して不適当と認めるものの発表を禁止することであり、設問の仮処分は検閲に該当しないとした（最大判昭61.6.11）。

**正答　3**

### 問題2

憲法に定める信教の自由に関する記述として、妥当なのはどれか。

1　信教の自由は、明治憲法においても制限なく保障されていたが、実際には、西洋文明を取り入れるため、キリスト教が優遇されていた。

2　信教の自由とは、信仰の自由であって、宗教上の行為の自由や宗教上の結社の自由は含まない。

3　最高裁判所は、宗教法人の解散命令が請求された事件の判決で、宗教法人法に定める解散命令の制度は、宗教団体の信者の信仰の自由を妨げるものであるから、違憲であるとした。

4　最高裁判所は、津地鎮祭事件の判決で、市が公金を支出した地鎮祭は慣習化した儀式であるものの、憲法の禁止する宗教的活動であるとした。

5　最高裁判所は、愛媛玉串料事件の判決で、県が玉串料等を神社に奉納したことは、社会的儀礼にすぎないものとはいえず、憲法の禁止する宗教的活動に当たるとした。

### 解説2

1　**誤り**。明治憲法でも信教の自由は保障されていた。日本国憲法では、過去の沿革を踏まえ、個人の信教の自由を厚く保障するとともに、国家と宗教の分離を明確化している。

2　**誤り**。信教の自由には、信仰の自由だけでなく、宗教的行為の自由、宗教的結社の自由が含まれている。

3 **誤り**。解散命令は世俗的なもので法人格が使用できなくなるにすぎず、解散しても信仰は可能であることから、信仰の自由を妨げるものではないとした（最大判平8.1.30）。

4 **誤り**。津地鎮祭事件において、工事の無事安全を願う儀礼については、専ら世俗的なものであり、憲法第20条第3項で禁止される宗教的活動には当たらず、合憲であるとした（最大判昭52.7.13）。

5 **正しい**。愛媛玉串料訴訟において、神社への玉串料等の支出は、その目的が宗教的意義を持つことを免れず、その効果が特定の宗教に対する援助、助長、促進になるとして、憲法第20条第3項の禁止する宗教的活動に当たるとした（最大判平9.4.2）。

**正答　5**

**問題3**　憲法に定める経済的自由権に関する記述として、妥当なのはどれか。

1 財産権の保障には、個人が現に有する具体的な財産上の権利の保障と、私有財産制の保障の両方が含まれている。

2 職業選択の自由には、自己の選択した職業を遂行する自由である営業の自由は含まれていない。

3 日本国憲法は、国籍離脱の自由を認めていないが、国民の海外渡航の自由は保障している。

4 日本国憲法は、財産権の内容を公共の福祉に適合するように法律で定めることとしており、条例による財産権の制限を一切認めていない。

5 財産権の補償請求は、財産権を制約する法律の規定に基づき行われ、当該法律が補償規定を欠く場合、憲法の規定を直接の根拠として行うことはできない。

**解説3**

1 **正しい**。

2 **誤り**。職業選択の自由には「営業の自由」も含まれる。

3 **誤り**。憲法は国籍離脱の自由も認めている（第22条第2項）。

4 **誤り**。奈良県ため池条例事件において、法律だけでなく、条例によって
も財産権を制限することができるとした（最大判昭38.6.26）。

5 **誤り**。法律に財産権の制限に関する補償規定がない場合、直接憲法の規
定に基づき補償請求できる。

**正答　1**

憲法に定める職業選択の自由に関する記述として、妥当なのは
どれか。

1 　職業選択の自由は、各人が選択した職業につくことを国家により妨げら
れないことを意味し、各人が自己の選択した職業の遂行を国家に妨げられ
ないことを意味するものではない。

2 　職業選択の自由に対する規制は、国民の生命、健康に対する危険を防止
するために課される積極目的規制と、福祉国家理念に基づいて社会・経済
的弱者を保護するために課される消極目的規制とに区分される。

3 　小売市場の許可制は、中小企業保護政策としての措置であるが、その目
的において合理性が認められず、手段、態様において著しく不合理である
ことが明白であるとした。

4 　薬局開設の適正配置規制は、国民の生命、健康に対する危険を防止する
ための規制であるが、その目的はより緩やかな規制手段によっても十分に
達成できるので、必要かつ合理的な規制とはいえないとした。

5 　酒類販売の免許制は、租税の適正かつ確実な賦課徴収を図るという国家
の財政目的による規制であるが、その必要性と合理性についての立法府の
判断が裁量の範囲を逸脱し著しく不合理とした。

1 **誤り**。職業選択の自由は、各人が自己の選択した職業に就くことを国家
により妨げられないことと、各人が自己の選択した職業の遂行を国家によ
り妨げられないことを意味する。

2 **誤り**。積極目的規制と消極目的規制の説明が逆である。

3 **誤り**。小売市場距離制限事件において、小売市場の許可制は、その目的

に一応の合理性が認められ、また、規制手段や態様も著しく不合理であることが明白とはいえないとした（最大判昭47.11.22）。

4　**正しい**。薬局距離制限事件における、薬局開設の適正配置規制についての違憲判決である（最大判昭50.4.30）。

5　**誤り**。酒類販売業免許制事件において、酒類販売の免許制は、立法府の判断が政策的、技術的な裁量の範囲を逸脱するもので、著しく不合理であるとまでは断定し難いとした（最判平4.12.15）。

**正答　4**

## 問題5

憲法に定める生存権に関する次の記述の空欄に当てはまる語句の組み合わせとして、妥当なのはどれか。

生存権の法的性格については様々な議論があり、最初に説かれたのは、憲法第25条は国民が健康で文化的な最低限度の生活を営み得るように国政を運営すべきことを、国の責務として宣言したにとどまるとする（A）である。

その後、憲法第25条は国に生存権を実現すべき（B）を課しており、生存権はそれを具体化する法律によってはじめて具体的な権利となるという（C）が説かれ、今日の通説といわれている。

1　A―抽象的権利説　B―政治的義務　C―具体的権利説
2　A―抽象的権利説　B―法的義務　C―具体的権利説
3　A―プログラム規定説　B―政治的義務　C―抽象的権利説
4　A―プログラム規定説　B―法的義務　C―具体的権利説
5　A―プログラム規定説　B―法的義務　C―抽象的権利説

## 解説5

憲法第25条第1項に定める「生存権」の捉え方は、学説により異なる。

プログラム規定説では、同条項は国民一般が健康で文化的な最低限度の生活を営むことができる条件を整える責務を政府に課したものであり、その意味で、国政の綱領（プログラム）ないし指針を宣言するにとどまると考える。

他方、抽象的権利説では、同条項から直接具体的給付を求める権利が個々の国民に認められるわけではないが、政府に生存権を具体化する施策を行う

よう法的義務を課していると考える。

　したがって、Aプログラム規定説、B法的義務、C抽象的権利説となる。

**正答　5**

**問題6**　憲法に定める請願権に関する記述として、妥当なのはどれか。

1　明治憲法において請願権は認められておらず、日本国憲法で初めて人権として保障された。
2　日本国憲法は、日本国民の権利として請願権を定めており、外国人に請願権は保障されていない。
3　請願の相手方は、日本国憲法では国のみと定められているが、地方自治法の定めにより地方議会に対する請願も法律上認められている。
4　国または地方公共団体から受けた損害の救済については、国家賠償法の手続きにより求める必要があり、請願を行うことはできない。
5　国及び地方公共団体の各機関は、適法な請願を受理し、誠実に処理することが、請願法で義務付けられている。

**解説6**

　請願権は、憲法第16条に定められています。条文の知識があれば正答できる問題ですので、これを機に頭に入れておくとよいでしょう。
〈憲法第16条〉
　何人も、損害の救済、公務員の罷免、法律、命令又は規則の制定、廃止又は改正その他の事項に関し、平穏に請願する権利を有し、何人も、かかる請願をしたためにいかなる差別待遇も受けない。
1　**誤り。**明治憲法（大日本帝国憲法）第30条で、請願権が認められていた。
2　**誤り。**日本国民だけでなく外国人にも請願権は保障されている（「何人も」）。
3　**誤り。**請願の相手方は、日本国憲法では具体的には定められていない。
4　**誤り。**国または地方公共団体から受けた損害の救済についても請願を行うことができる（「損害の救済」）。
5　**正しい。**

**正答　5**

**問題7** 憲法に定める内閣総理大臣に関する記述として、通説に照らして妥当なのはどれか。

1 内閣総理大臣は、国会議員の中から国会の議決で指名され、国会議員の任期満了または衆議院の解散により、国会議員の地位を失った場合においては、直ちに内閣総理大臣の地位を失う。

2 内閣総理大臣は、法律に主任の国務大臣とともに連署しなければならないため、内閣総理大臣の連署を欠く法律の効力は否定される。

3 内閣総理大臣は、国務大臣を任意に罷免することができるが、この罷免権は内閣総理大臣の専権に属するため、国務大臣の罷免に当たっては、天皇の認証を必要としない。

4 内閣総理大臣は、国務大臣の在任中における訴追への同意権を有するが、同意を拒否した場合、国務大臣は訴追されず、訴追の理由となった犯罪に対する公訴時効は進行する。

5 内閣総理大臣は、内閣を代表して議案を国会に提出することができるが、この議案には法律案及び予算案が含まれる

**解説7**

1 **誤り。**国会議員の任期満了または衆議院の解散により国会議員の地位を失った場合、直ちには内閣総理大臣は地位を失わず、新たに内閣総理大臣が任命されるまで引き続き職務を行う（憲法第71条）。

2 **誤り。**内閣総理大臣の連署は法律の執行責任を明確にする趣旨で要求されているものであり、連署を欠くことをもって、その法律が無効となるものではない。

3 **誤り。**前半の記述は正しいが、国務大臣の罷免に当たっては、天皇の認証が必要とされる（憲法第7条第5号）

4 **誤り。**国務大臣は、内閣総理大臣の同意がなければその在任中訴追されないが、訴追の同意のない場合には、犯罪に関する公訴事項の進行は停止する（憲法第75条ただし書き）。

5 **正しい。**

**正答 5**

司法権の独立に関する記述として、妥当なのはどれか。

1 全ての裁判官は、執務不能の裁判による場合、公の弾劾による場合、国民審査による場合の三つの場合以外は罷免されない

2 裁判官は、具体的事件の裁判に当たっては、完全に独立してその職権を行い、立法権や行政権はもちろん、司法部内の指揮・命令も受けない。

3 司法権の独立の例外として、衆議院及び参議院は、現に裁判所に係属中の事件に関して、国政調査権に基づいて、司法権に類似する調査を行うことができる。

4 下級裁判所の裁判官は、法律の定める年齢に達した時に退官することを規定しているが、最高裁判所の裁判官にはこのような規定はない。

5 最高裁判所の裁判官は内閣の指名により天皇が任命し、下級裁判所の裁判官は最高裁判所の指名により内閣が任命する。

**解説8**

1 **誤り**。国民審査によって罷免されることがあるのは、最高裁判所の裁判官だけである。

2 **正しい**。

3 **誤り**。このような調査は三権分立に反し許されない。

4 **誤り**。最高裁判所の裁判官も、法律の定める年齢に達した時に退官することが規定されている。

5 **誤り**。最高裁判所の長官は、内閣が指名し天皇が任命する。最高裁判所の長官以外の裁判官は、内閣が任命し天皇が認証する。下級裁判所の裁判官は、最高裁判所の指名した者の名簿によって、内閣が任命する。

**正答　2**

**問題9** 憲法に定める違憲審査権に関する記述として、妥当なのはどれか。

1 違憲審査権とは、最高裁判所が終審裁判所として、一切の法律、命令、規則または処分の憲法適合性を審査・決定する権限であるとされており、

下級裁判所には違憲審査権が認められていない。

2　裁判所は、具体的な争訟事件を裁判する際に、その前提として適用法令の違憲審査を行うことができるが、抽象的に違憲審査を行うことはできない。

3　憲法上、違憲審査権の対象は一切の法律、命令と規定されているため、規則または処分を違憲審査の対象とすることはできない。

4　違憲判断の方法については、当該法令を当該事件に適用する限りにおいて違憲とする方法に限定されており、法令そのものを違憲と判断する余地はない。

5　違憲判決の効力は当該事件のみに及ぶとする個別的効力説を認めると、司法に消極的立法作用を与えることになり、妥当ではないとするのが通説である。

## 解説9

1　**誤り**。最高裁判所だけでなく、高等裁判所や地方裁判所も違憲審査権を有する（最大判昭25.2.1）。

2　**正しい**。違憲審査の方式には、抽象的違憲審査制と付随的違憲審査制とがあるが、わが国の憲法は、具体的な訴訟事件が提起されて初めて行使することができる付随的違憲審査制を採用している（警察予備隊違憲事件、最大判昭27.10.8）。

3　**誤り**。憲法上、違憲審査権の対象は「一切の法律、命令、規則または処分」と規定されている。

4　**誤り**。当該法令を当該事件に適用する限りにおいて違憲とする方法（適用違憲）だけでなく、法令そのものを違憲と判断する方法（法令違憲）も認められている。

5　**誤り**。違憲判決が下された場合、その違憲判断は当該法令を無効にする効力を持つとする一般的効力説は、司法に消極的立法作用を与えることになり、妥当ではないとするのが通説である。

**正答　2**

**問題10** 憲法に定める租税法律主義に関する記述として、妥当なのはどれか。

1 租税法律主義は、いったん法律で定めた後は変更がない限り、毎年引き継いで租税を徴収しうるとする永久税主義を否定し、毎年議会の議決を要するとする一年税主義を定めたものである。

2 租税法律主義が適用されるのは、国または地方公共団体が賦課徴収する形式的な租税に限られ、租税以外で国民に対して強制的に賦課徴収される金銭については、租税法律主義が適用されないとするのが通説・判例の立場である。

3 租税とは、国または地方公共団体が特別の給付に対する反対給付として、強制的に徴収するものである。

4 租税法律主義により、課税の要件は法律による定めを要するが、課税の手続きは専ら政令の定めによる。

5 法律上課税できる物品が実際上は非課税として取り扱われてきた場合、通達によって当該物品を新たに課税物件として取り扱うことも、通達の内容が法の正しい解釈に合致するものであれば違憲ではない。

**解説10**

1 **誤り。** 日本国憲法は永久税主義について明示していないが、これを否定する趣旨ではないと解されている。

2 **誤り。** 負担金・手数料など、国民の自由意思に基づかずに賦課徴収される金銭についても、租税法律主義は適用されるとするのが通説・判例の立場である。

3 **誤り。** 租税とは、特別の給付に対する反対給付としてではなく、強制的に徴収するものである。

4 **誤り。** 租税法律主義は、納税義務者・課税物件・税率などの課税要件だけでなく、租税の賦課・徴収の手続きも法律で定めなければならないとするものである。

5 **正しい。**（パチンコ球遊器事件、最判昭33.3.28）。

**正答　5**

**問題11** 憲法に定める衆議院の優越に関する記述として、妥当なのはどれか。

1 国会を構成する衆議院及び参議院は、原則として同等の権限を有することとされているため、衆議院に付与されている優先的権限は憲法で規定している事項のみに限られる。

2 法律案について、衆議院で可決し、参議院で衆議院の議決と異なる議決をした場合、必ず両院協議会を開かなくてはならず、両院協議会で意見が一致しない時には、衆議院で出席議員の過半数で再び可決すれば法律となる。

3 予算について、参議院が衆議院と異なる議決をした場合、両院協議会を開くことができる。両院協議会で意見が一致しない場合は、衆議院で出席議員の3分の2以上の多数で再可決した場合、国会の議決となる。

4 条約の承認について、参議院が衆議院と異なる議決をした場合は、必ず両院協議会を開かなければならず、両院協議会で意見が一致しない時には、衆議院で出席議員の過半数の多数で再可決した場合、国会の議決となる。

5 内閣総理大臣の指名について、参議院が衆議院と異なる議決をした場合には必ず両院協議会を開かなければならず、意見が一致しない場合は、衆議院の議決となる。一方、衆議院が指名の議決をした後、国会休会中の期間を除いて10日以内に、参議院が指名の議決をしない時は、両院協議会を経ず、衆議院の議決が国会の議決となる。

**解説11**

1 **誤り。**憲法で規定していない事項については、法律により衆議院の優越を定めることは可能と解されている。例えば、臨時会及び特別会の会期は衆議院及び参議院一致の議決で延長することができるが、一致しない場合または参議院が議決しない場合は、衆議院の議決が優先する規定は、国会法第13条に定められている。

2 **誤り。**法律案の議決について、両院協議会は任意的に開くこととしている。また、衆議院で出席議員の3分の2以上の多数で再び可決したとき

は、衆議院の議決が国会の議決となる。

3 **誤り**。予算について、参議院と衆議院が異なる議決をした場合、必ず両院協議会を開かなければならない。両院協議会で意見が一致しない場合や、参議院が衆議院の可決した予算を受け取った後、国会休会中の期間を除いて10日以内に議決しない場合は、衆議院の議決を国会の議決とする（憲法第60条第2項）。

4 **誤り**。条約の承認について、参議院と衆議院が異なる議決をした場合は、予算について両院が異なる議決をした場合の規定を準用する（憲法第61条）。

5 **正しい**（憲法第67条第2項）。

**正答　5**

**問題12** 　憲法に定める法の下の平等に関する記述として、妥当なのは次のどれか。

1 　収入の多い者に、累進的に高率の所得税を課することは、法の下の平等に反し、許されない。

2 　憲法第14条第1項に定める「平等」とは、同一の事情と条件の下では均等に取り扱うこと、すなわち絶対的平等を意味するというのが通説・判例の立場である。

3 　昭和48年に最高裁判所は、尊属殺人について、通常の殺人より刑を加重することに合理性がないとはいえず、法定刑が厳し過ぎるとは認められないとした。

4 　平成25年に最高裁判所は、非嫡出子の相続分を嫡出子の2分の1とする民法の規定について、遅くとも平成13年において違憲であったとした。

5 　平成27年に最高裁判所は、夫婦同姓について、性別に基づく差別的な扱いであるとして、違憲であるとした。

**解説12**

1 **誤り**。収入の多い者に、累進的に高率の所得税を課することは、所得の再配分等の機能を有し、合理的な差別といえる。

2　**誤り。**憲法第14条第1項の「平等」とは、種々の事実的・実質的差異を前提として、法の与える特権の面でも法の課する義務の面でも、同一の事情と条件の下では均等に取り扱う相対的平等を意味する。。

3　**誤り。**最高裁判所は、尊属殺重罰規定について、法定刑を死刑または無期懲役に限っている点において、その立法目的達成のため必要な限度をはるかに超え、通常の殺人罪の法定刑に比べて著しく不合理な差別的取り扱いとして違憲無効とした（最大判昭48.4.4）。

4　**正しい。**最高裁判所は、非嫡出子の相続分を嫡出子の2分の1とする民法の規定について、遅くとも平成13年7月当時において、憲法第14条第1項に違反していたとした（最大判平25.9.4）。

5　**誤り。**最高裁判所は、夫婦同姓について、夫婦がいずれの氏を称するかをその協議に委ねており、男女間の形式的な不平等が存在するわけではないとして、憲法第14条第1項に違反するものではないとした（最大判平27.12.16）。

正答　4

# 第3節 行政法

　平成18年度以降、行政法は都職員に特に必要な基礎知識として、出題数が大幅に増加しています。平成29年度からは、Ⅰ類事務では55問中10問、Ⅰ類技術では45問中6問の出題の出題となっています。地方自治制度、地方公務員制度と並んで出題数が多い科目であり、着実に得点することが求められます。

　近年では、新方式の採用区分など、採用時の試験で法律科目を選択しない人もいるため、これまで行政法に触れる機会がなかったという人もいるかもしれません。しかし、日頃の業務を進める上でも、行政法の知識や考え方は必要なスキルであると言えます。試験対策だけでなく、業務に役立つ知識を吸収する良い機会にもなると思い、前向きに取り組みましょう。

　また、行政法は基礎的知識を習得すれば初学者でも十分に得点源となり得ます。問題集等を活用することにより勉強を進めてください。

　なお、他の科目にもいえることですが、条文や参考書、問題集等により行政法を学習する際は、直近の法令改正や最高裁判例等が反映されているか、しっかり確認するようにしましょう。

## 出題傾向と勉強法

　過去の主任試験における出題分野は表のとおりです。

　各分野から満遍なく出題されていますが、上述した通り、条文の内容や基礎的知識をしっかり理解していれば対応できるものが大半であると言えます。重要な事項は繰り返し出題されることが多いので、学習をすれば確実に得点源になる分野といえます。

　基本書を熟読することも行政法を理解するうえでは重要ですが、試験対策という観点では、まずは実際に過去問を解いてみて、分からなかったところを基本書で確認するといった学習方法をお勧めします。一度問題を解いた後

は必ず解説を精読し、不明確な点は条文や基本書でしっかり確認しておきましょう。

また、問題を解く際は、全ての選択肢について、なぜ正解なのか、誤りなのかを検証することで実力がつきます。誤った選択肢をマーキングして繰り返すことで知識の定着も図ることができ、直前の再確認にも役立ちます。

# 参考図書

以下に、代表的な参考図書を列挙します。これら以外にもいくつか書籍が出版されていますので、自分の好みに合うものを探してみてください。

○**問題集**
『1日10分　行政法』都政新報社
『行政法　実戦150題』都政新報社
『行政法101問』学陽書房
○**参考書**
櫻井敬子・橋本博之『行政法』弘文堂

| 分野 | | 20 | 21 | 22 | 23 | 24 | 25 | 26 | 27 | 28 | 29 | 30 | R1 | R2 | R3 | R4 |
|---|---|---|---|---|---|---|---|---|---|---|---|---|---|---|---|---|
| 行政法の基本構造 | 行政法の法源 | | ○ | ○ | | | | ○ | | | ○ | | | ○ | | |
| | 法律による行政の原理 | | | | | | | | | | | | | | | ○ |
| 行政組織 | 行政機関の種類 | | ○ | | | ○ | | | ○ | ○ | ○ | ○ | | | | |
| | 行政庁の権限の委任、代理、専決 | | | | ○ | | | | | | ○ | | | | | ○ |
| 行政立法 | 行政立法 | ○ | | | | ○ | | | ○ | | ○ | | | ○ | | |
| 行政手続・情報公開 | 行政手続法 | ○ | | | ○ | | | ○ | | | ○ | ○ | | | ○ | ○ |
| | 情報公開法 | | | | | | ○ | | | | ○ | | | | | |
| 行政行為 | 行政行為の効力 | ○ | | | | | | ○ | | ○ | | | ○ | | | |
| | 行政行為の種類 | | | ○ | | | | | | | | ○ | | | | ○ |
| | 行政行為の瑕疵 | | | | | | | ○ | | | ○ | | ○ | | | |
| | 行政行為の無効 | | | ○ | | | | | | ○ | | | | | | |
| | 行政行為の取消しと撤回 | | ○ | | | ○ | | | ○ | | | | | | | |
| | 行政行為の附款 | ○ | | | | ○ | | | | ○ | | ○ | | | | ○ |
| | 行政裁量 | | | | | | | | | | | ○ | | ○ | | |
| その他の行政行為 | 行政計画 | | | | ○ | | | ○ | | | | ○ | ○ | | | |
| | 行政契約 | ○ | | | | ○ | | | ○ | | | ○ | ○ | | | ○ |
| | 行政指導 | | | ○ | | | ○ | | | ○ | | ○ | | | ○ | |
| 行政上の強制措置・制裁措置 | 行政上の代執行 | | ○ | | ○ | | | | ○ | | ○ | ○ | | ○ | | |
| | 即時強制 | | ○ | | | | ○ | | | | | ○ | | | | |
| | 行政調査 | | | | | | | | | | | | | | | ○ |
| | 行政罰 | | | ○ | | ○ | | | ○ | | ○ | | | ○ | | |
| 行政処分等に関する補償 | 公権力の行使に基づく損害賠償 | ○ | | | ○ | | | ○ | | ○ | | | | ○ | | |
| | 公の営造物の設置又は管理の瑕疵に基づく損害賠償 | | ○ | | | | | | ○ | | ○ | | | | | |
| | 損失補償 | | | | | ○ | | | | ○ | | | ○ | | | ○ |
| 行政上の不服申立て | 行政不服審査法に定める不服申立て | | ○ | | ○ | | | ○ | ○ | | ○ | | ○ | | | |
| | 行政不服審査法に定める教示 | | | ○ | | | | | | ○ | ○ | ○ | | ○ | | |
| | 行政事件訴訟法に定める執行停止 | | | | | ○ | | | | ○ | | | ○ | | | |
| 行政事件訴訟 | 行政事件訴訟の種類 | | ○ | | | | | | | | ○ | | ○ | ○ | | ○ |
| | 行政事件訴訟法に定める抗告訴訟 | ○ | | | ○ | | | ○ | | ○ | | | ○ | | | |
| | 行政事件訴訟法に定める取消訴訟 | | | ○ | | | ○ | | | | | ○ | | | | ○ |

44

**問題1** 行政法の法源に関する記述として、妥当なのは次のどれか。

1 行政法の法源には、成文法源と不文法源とがあり、成文法源には法律や条理法が、不文法源には行政先例がある。

2 条約とは、国家間の権利義務を定める約定であり、直ちに国内法としての効力を持つこととなるので、原則としてその内容にかかわらず行政法の法源となる。

3 命令は、内閣が制定する政令等、行政機関が制定する法のことであり、日本国憲法の下では、委任命令と独立命令がある。

4 慣習法とは、多年の慣習が一般国民の法的確信を得て法的規範として承認されたものであり、公式令廃止後の官報による法令の公布はその例である。

5 判例法とは、裁判所で同一内容の判決が繰り返された場合に、立法機関が法令の制定・改廃を行ったことにより成立したものであり、行政法の法源となる。

**解説1**

1 **誤り**。条理法は、成文法源ではなく不文法源である。

2 **誤り**。国内行政に関する条約は、法律ではないが、批准されれば行政法の法源となる。一方、国際関係に関する条約は、直ちに国内法としての効力を持つことにはならず、これを具体化する法律が制定されて初めて行政法の法源となる。

3 **誤り**。日本国憲法の下では、委任命令と執行命令がある（独立命令は認められていない）。

4 **正しい**。他に、河川の流水の使用を内容とする公水使用権なども、慣習法上の権利として認められている（最判昭37.4.10）。

5 **誤り**。裁判所で同一内容の判決が繰り返された場合であっても、立法機関が法令の制定・改廃を行ったことにより成立したものは、判例法ではなく「実定法」となる。

**正答 4**

**問題2** 行政法上の行政機関に関する記述として、妥当なのはどれか。

1　行政庁とは、行政主体の法律上の意思を決定し外部に表示する権限を持つ機関をいい、各省大臣、都道府県知事及び市町村長は、いずれも行政庁である。

2　諮問機関とは、行政庁から諮問を受けて意見を具申する機関をいい、各種の審議会がこれに当たり、諮問機関の意見は行政庁を法的に拘束する。

3　参与機関は、中立公正な行政が必要な領域や、専門技術的な判断が必要な行政分野に関し、設置される合議制の機関であり、行政委員会がこれに当たる。

4　執行機関とは、行政目的を実現するために必要な実力行使を行う事務吏員のことであり、徴税職員がその例だが、警察官や消防職員は執行機関ではない。

5　補助機関とは、行政庁等の職務を補助するため、非日常的な事務を遂行する機関であり、常勤の職員以外の臨時的に任用される職員等がこれに当たる。

**解説2**

1　**正しい。**
2　**誤り。**諮問機関の意見や答申は行政庁を拘束しない。
3　**誤り。**参与機関とは、行政庁の意思を拘束する議決を行う機関であり、電波管理審議会などがこれに該当するが、行政委員会は該当しない。
4　**誤り。**警察官や消防職員も「執行機関」に含まれる。
5　**誤り。**補助機関とは、行政庁等の職務を補助するため、日常的な事務を遂行する機関であり、各省の事務次官、都道府県の副知事などがこれに当たる。

**正答　1**

**問題3** 行政立法に関する記述として、妥当なのはどれか。

1　行政立法は、行政機関が法条の形式で一般的な定めをするものであり、

行政立法のうち、訓令などの行政規則は、法規としての性質を有している。
2　法規命令は、その根拠となる法律と一体とはいえないことから、当該法律が失効しても、法規命令が失効することはない。
3　政令は、内閣が定めるものであり、法律による委任がない場合においても、政令に罰則を設けることができる。
4　執行命令は、法律の一般的な委任に基づき定めることができるが、委任命令の制定には、法律の個別具体的な委任が必要である。
5　通達は、上級行政機関が下級行政機関に対して発するものであり、常に私人の法的利益に直接影響を及ぼす性質を有する。

### 解説3

1　**誤り**。行政規則は法規としての性質は有しない。
2　**誤り**。法規命令が有効に成立するためには、根拠となる法律が有効に成立していなければならない。
3　**誤り**。政令には、法律の委任がある場合を除いては、罰則を設けることはできない。
4　**正しい**。
5　**誤り**。通達は、国民を法的に拘束するという性質を有していない。

**正答　4**

### 問題4　行政手続法に関する記述として、妥当なのはどれか。

1　行政庁は、申請が到達してから当該申請に対する処分をするまでに通常要すべき標準的な期間を定めなければならず、処分をせずに当該期間を過ぎたときは、当然に不作為の違法行為となる。
2　行政庁は、申請により定められた許認可等をするかどうかを判断するために審査基準を定めなければならないが、当該審査基準の公開の有無については、行政庁の判断に委ねられている。
3　行政庁は、申請により求められた許認可等を拒否する処分を書面により示した場合は、当該処分の拒否理由を書面以外の方法により示すことができる。

4　行政庁は、不利益処分をするに当たって当事者に弁明の機会を付与する場合、当該事案に関わる文書等の閲覧をさせなければならない。

5　行政庁は、許認可等を取り消す不利益処分をしようとする場合、聴聞の手続きをとらなければならず、聴聞は、行政庁が指名する職員その他政令で定める者が主宰する。

**解説4**

1　**誤り**。処分をせずに標準処理期間が経過したとしても、直ちに不作為の違法行為になるわけではない。

2　**誤り**。行政庁は審査基準を定めなければならず、行政上特別の支障があるときを除き、審査基準を公表しなければならない。

3　**誤り**。許認可等を拒否する処分を書面でする場合には、その理由は、書面で示さなければならない。

4　**誤り**。行政庁は、不利益処分をするに当たって当事者からの聴聞を実施する場合、当事者からの求めがあったときは、当該事案に関わる文書等の閲覧をさせなければならないが、弁明の機会の付与の場合は、文書等の閲覧に関する規定は適用されない。

5　**正しい**。

**正答　5**

**問題5**　行政機関の保有する情報の公開に関する法律に関する記述として、妥当なのはどれか。

1　この法律の目的は、国民主権の理念にのっとり、国民の知る権利及び参政権を保障し、政府の国民への説明責任を全うさせるためのものであると規定している。

2　開示請求の相手方となる行政機関には、内閣府、宮内庁、内閣府設置法に規定する機関のほか、国会、裁判所、独立行政法人も含まれる。

3　行政機関の職員が職務上作成し、または取得した文書、図画及び電磁的記録であれば、現に当該行政機関が保有しているか否かにかかわらず、開示請求の対象となる。

4　開示請求に対し、当該開示請求に係る行政文書が存在しているか否かを答えるだけで、不開示情報を開示することとなるときは、行政機関の長は、当該行政文書の存否を明らかにしないで、当該開示請求を拒否することができる。

5　開示請求者が開示決定を不服として審査請求を行った場合、当該行政機関の長は、行政不服審査法に基づき、行政不服審査会に諮問しなければならない。

### 解説 5

1　**誤り**。法律の目的として、国民の知る権利や参政権は、情報公開法には明記されていない。

2　**誤り**。国会や裁判所は、開示請求の相手方となる行政機関には含まれない。

3　**誤り**。開示請求の対象となる「行政文書」とは「当該行政機関の職員が組織的に用いるものとして、当該行政機関が保有しているもの」をいう。

4　**正しい**。

5　**誤り**。情報公開法に基づき、情報公開・個人情報保護審査会に諮問しなければならない。

正答　4

### 問題 6
　　　　無効な行政行為または取り消し得べき行政行為に関する記述として、妥当なのは次のどれか。

1　無効な行政行為とは、行政行為として存在するにもかかわらず、正当な権限のある行政庁または裁判所の取り消しを待たずに、はじめから法律的効果を全く生じない行為をいう。

2　行政庁が行政処分を行うに当たり、法律が当該行政処分に係る処分書に理由を付記すべき旨を定めている場合において、当該行政処分庁の付記した処分の理由が不備であるときは、当該行政処分は当然に無効である。

3　行政庁がその裁量権の範囲を超えまたはその裁量権を濫用して行政処分を行った場合には、当該行政処分は無効である。

4　取り消し得べき行政行為とは、その成立に瑕疵があるため、正当な権限
のある行政庁または裁判所の取り消しがなくても、関係行政庁その他の国
家機関は独自にその効力を否定することができる行政行為である。
5　取り消し得べき行政行為とは、行政行為に内在する瑕疵が軽微であると
処分行政庁が判断し、これを前提として手続きが進められたとき、その瑕
疵が治癒され、有効な行政行為として取り扱われる行政行為である。

## 解説6

1　**正しい。**
2　**誤り。**処分に付記した理由の不備が、すべて無効になるわけではない。
3　**誤り。**裁量権の踰越または濫用があった場合の行政処分が、すべて無効
になるわけではない。
4　**誤り。**取り消し得べき行政行為とは、その成立に瑕疵があるにもかかわ
らず、正当な権限のある行政庁が職権により、もしくは取消訴訟の提起に
より取り消すか、または裁判所が取消訴訟の提起に基づき、これを取り消
してはじめて効力を失うような行政行為をいう。
5　**誤り。**取り消し得べき行政行為のすべてが瑕疵の治癒される行政行為と
は限らない。瑕疵の治癒はあくまで例外である。

**正答　1**

## 問題7　行政行為の撤回に関する記述として妥当なのは次のどれか。

1　行政庁は、行政行為の効力を維持することが公益上適当でないと判断さ
れるに至った場合は、職権で効力を消滅させることができる。この場合、
遡及効を持つ「撤回」と、将来に向かって効力を失わせる「取り消し」が
ある。
2　行政行為の撤回は、瑕疵なく成立した行政行為について、行為行政庁が
公益上その効力を存続しえない新たな事由の発生を理由に、その行為の効
力を将来にわたって失わせる行政行為である。
3　行政行為を撤回するに当たっては、原則として、法律の根拠は不要であ
るが、授益的行政行為を撤回する場合には、法律の根拠が必ず必要である

とするのが判例である。

4 授益的行政行為を撤回する場合、行政手続法によれば、原則として、不利益を被る国民の同意を要するとされている。

5 行政行為の撤回は、その成立に瑕疵のある行政行為について、行為行政庁または監督行政庁がその成立の瑕疵を理由にその行為の効力を遡及して失わせる行政行為である。

## 解説 7

1 **誤り。** 行政行為の「撤回」と「取り消し」の説明が逆である。

2 **正しい。**

3 **誤り。** 法律に撤回の定めがなくても、許認可を維持すべきでない新たな事情が生じた場合には撤回できるとされている。

4 **誤り。** 正式の聴聞手続きを経なければならないとされている。

5 **誤り。** 「その成立に瑕疵ある行政行為」は取り消しの対象であり、「その行為の効力を遡及して失わせる」も取り消しの効力である。また、監督行政庁は、法律に特段の定めがない限り、処分庁が行った行政行為を撤回することはできず、撤回の効果は将来に向かってのみ発生する。

**正答 2**

## 問題 8

行政計画に関する記述として、妥当なのはどれか。

1 行政計画は、行政が目標を掲げ、それを達成するための手段を明らかにするものであるため、行政計画を策定するためには法律の根拠を必要とする。

2 行政計画の中には、国民に対して法的拘束力のない計画があり、その例としては、土地区画整理事業の事業計画がある。

3 行政計画には、行政庁の広い政策的な裁量判断に基づいて策定されるという特徴がある。

4 行政計画の策定には、多面的な利害関係人の参加を保障した信頼性の高い手続きの確立が求められるので、公告・縦覧・意見書提出など行政計画策定の一般的手続きが行政手続法に定められている。

5 最高裁判所は、行政計画の適法な変更により、事業者に損害が及んだ場合、当該損害に対する賠償責任は認められないと判示した。

**解説8**

1 **誤り。**行政計画を策定するためには、必ずしも法律の根拠は必要としない。
2 **誤り。**土地区画整理事業の事業計画決定は、国民に対して法的拘束力を有する計画である。
3 **正しい。**
4 **誤り。**行政手続法には、行政計画の策定に関する一般的手続きは規定されていない。
5 **誤り。**地方公共団体による工場誘致政策の変更により、誘致企業に損害を与えた場合、政策変更は適法だが、地方公共団体と誘致企業との関係では相対的に違法となり、損害賠償責任が生じるとした。

**正答 3**

**問題9** 行政指導に関する記述として、妥当なのはどれか。

1 助成的行政指導には法律の根拠は必要とされないが、規制的行政指導には常に法律の根拠が必要とされる。
2 行政指導は、相手方に対して強制力を持つものではないので、行政機関がその任務または所掌事務の範囲を超えて行うことも許される。
3 行政手続法では、行政指導に携わる者は、その相手方に対し、当該行政指導の趣旨及び内容並びに責任者を明確に示さなければならないと定めている。
4 行政指導を口頭で行う場合においては、行政指導に携わる者は、相手方から行政指導の趣旨や内容等を記載した書面を求められた時は、これを必ず交付しなければならない。
5 行政指導は、行政処分ではなく単なる事実行為にすぎないので、最高裁判所が行政指導について、取消訴訟の対象となる処分性を認めたことはない。

## 解説9

1 **誤り**。法的拘束力を有しない事実行為であり行政行為ではないので、法律の根拠がなくても行える。

2 **誤り**。当該行政機関の任務または所掌事務の範囲を逸脱した行政指導は許されない。

3 **正しい**。

4 **誤り**。行政指導は口頭で行うこともできるが、その相手方から当該行政指導の趣旨や内容に関する書面の交付を求められたときは、行政上特別な支障がない限り、これを交付しなければならない。

5 **誤り**。病院開設許可申請の際に県知事が行った行政指導について、処分性を認めた最高裁判例がある。

正答　3

## 問題10

代執行に関する記述として、妥当なのはどれか。

1 代執行の対象となる行政上の義務は代替的作為義務に限られ、行政上の金銭納付義務の不履行に対しては、代執行を行うことができない。

2 代執行の対象となる行政上の義務は、法律により命じられた義務でなければならないため、条例により命じられた義務の場合は、代執行を行うことができない。

3 代執行は、他の手段によってその履行を確保することが可能であっても、義務の不履行を放置することが著しく公益に反すると認められる場合には、行うことができる。

4 行政庁が代執行を実施する場合には、代執行をなすべき旨の戒告と代執行令書による通知が必要であり、非常の場合または危険切迫の場合であったとしても、このいずれの手続きも省略はできない。

5 代執行に要した費用については、民事訴訟を提起して債務名義を取得した上で、本来の義務者から徴収することができる。

1 **正しい。**
2 **誤り。**法律・命令・規則・条例に基づき命じられた代替的作為義務の不履行があれば代執行ができる。
3 **誤り。**他の手段による履行確保が困難であり、かつ不履行の放置が著しく公益に反する場合にできる。
4 **誤り。**非常の場合または危険切迫の場合で、緊急の必要があるときは、これらの手続きを省略できる。
5 **誤り。**代執行に要した費用を義務者が納付しないときは、国税滞納処分の例により強制徴収できる。

**正答　1**

**問題11**　行政上の即時強制に関する記述として、妥当なのはどれか。

1　国民が法令や行政行為によって命じられた義務を履行しない場合に、行政機関が国民の身体、財産等に実力を行使して強制的に義務の実現を図る作用のことを、行政上の即時強制という。
2　行政上の即時強制は、基本的人権の尊重の見地から、行政上の目的に必要な最小限度にとどめなければならない。
3　行政上の即時強制の発動については、行政機関に裁量が認められており、必ずしも法律の根拠を必要としない。
4　憲法の定める令状主義の保障は、刑事手続きの一環としての強制措置における事前の司法的統制を定めたものであるから、行政上の即時強制には適用される余地がないとするのが判例である。
5　行政上の即時強制は、行政機関の事実行為であるから、身柄の収容など権力的な即時強制の実施によって継続して不利益状態に置かれている者が提訴するには、不服申し立てや行政事件訴訟ではなく民事訴訟によらなければならない。

**解説11**

1 **誤り。**国民が義務を履行しない場合に、行政機関が国民の身体や財産に実力を行使して強制的に義務の実現を図る作用は、行政上の即時強制ではなく、直接強制である。

2 **正しい。**

3 **誤り。**行政上の即時強制の発動については、必ず法律の根拠が必要である。

4 **誤り。**憲法の定める令状主義の保障が適用される余地があるとするのが判例である。

5 **誤り。**違法な即時強制によって拘束を受けた者が提訴するには、民事訴訟ではなく、国家賠償請求訴訟などの形で提訴することになる。

正答　2

**問題12**　行政罰に関する記述として、妥当なのはどれか。

1 行政罰には、過去の義務違反に対する制裁として科されるものと、行政上の義務の履行がなされないときにそれを実現させるために科されるものとがある。

2 行政刑罰は、刑法犯と異なり、行政上の義務違反に対する制裁であるという点で形式犯的要素が強いことから、刑法総則が適用されることはない。

3 最高裁判所の判例では、行政上の秩序罰と行政刑罰を併科しても、憲法第39条の二重処罰の禁止には違反しないとしている。

4 行政刑罰では、被用者や従業員が違法な行為をした場合に、その使用者や事業主もあわせて処罰することはできない。

5 行政上の秩序罰は、行政上の秩序に障害を与える危険がある義務違反に対して科されるものであり、その例として、納税義務者が申告・納付等の法律上の義務を果たさない場合に課される加算税の制度がある。

**解説12**

1 **誤り。**行政罰は、過去の義務違反に対する制裁として科されるものであ

る。行政上の義務の履行がなされないときにそれを実現させるために科される ものは、執行罰である。

2　**誤り**。行政刑罰は、法令に特別の規定のある場合のほかは、刑法総則が適用され、裁判所が刑事訴訟法等の手続きに従って科する。

3　**正しい**。

4　**誤り**。行政刑罰は、両罰規定の形式で、違反行為者だけでなく、その使用者や事業主も併せて処罰すると定められていることがある。

5　**誤り**。加算税は行政罰ではなく、納税義務違反の発生を防止し、もって納税の実をあげるための一種の行政措置としての性質を持つものである。

**正答　3**

**問題13**　国家賠償法に定める公権力の行使に基づく損害賠償に関する記述として、妥当なのはどれか。

1　国家賠償法は、国または公共団体が損害を賠償した場合は、当該公務員に求償権を行使することができるとともに、被害者は、国家賠償の請求とは別に、直接公務員個人に対し損害賠償を請求することができるとしている。

2　損害賠償の責を負う公権力の行使に当たる公務員とは、公務員としての身分を有する国家公務員及び地方公務員であり、公権力の行使を委託されその委託された職務に従事するに過ぎない者は、これに該当しない。

3　国家賠償責任を発生させる加害行為となるのは、法規に違反して公権力が行使された場合であり、公権力の行使が行政の自由裁量に委ねられている場合は、損害を与えても国または公共団体は一切損害賠償責任を負わない。

4　国家賠償責任を発生させる公務員の行為について、判例は、職務行為そのものでなければならず、職務行為の外形を備えているにすぎない私人としての行為の場合には、国または公共団体は損害賠償責任を負わないとしている。

5　公務員の不作為が加害行為となる場合があり、最高裁判所は、海浜に打ち上げられた砲弾が爆発した人身事故に関し、警察官が自らまたは他の機関に依頼して砲弾を回収するなどの未然防止措置をとらなかったことを違

法と認めた。

## 解説13

1 **誤り**。国家賠償法第1条の適用が認められる限り、公務員個人の責任を追及することはできないとされている（最判昭30.4.19）。

2 **誤り**。公務員法上の公務員だけでなく、民間人でも、公権力の行使を受けていれば「公務員」に当たる。

3 **誤り**。「公権力の行使」について、判例・通説は、行政指導のような非権力的作用を含めて広く解する立場をおおむね支持している。

4 **誤り**。職務行為そのものでなくても、客観的に見て職務行為の外形を備えている場合には、国家賠償責任が生じる。

5 **正しい**。公権力の行使に当たる公務員の不作為である（最判昭59.3.23）。

**正答　5**

## 問題14

公の営造物の設置または管理の瑕疵に基づく損害賠償に関する記述として、妥当なのはどれか。

1 最高裁判所の判例では、利用者が、公の営造物を設置管理者の通常予測しえない異常な方法で使用したことにより事故が生じた場合においても、当該設置管理者は、それによる損害賠償責任を負うとした。

2 最高裁判所の判例では、道路管理者は、道路上に故障車が危険な状態で長時間放置されていたのに、適切な看視体制をとらなかったためにこれを知らず、安全保持に必要な措置を全く講じなかったことから事故が生じたとしても、道路管理に瑕疵はなく、それによる損害賠償責任を負わないとした。

3 最高裁判所の判例では、河川管理の瑕疵の有無は、過去に発生した水害の規模・発生頻度・原因などの自然的条件など諸般の事情を総合的に考慮し、河川管理の一般水準や社会通念に照らして判断すべきとした。

4 公の営造物の設置または管理の瑕疵に基づく損害賠償を受けることができる者は、営造物を利用したことにより損害を被った者に限られており、営造物の平常の操業によって第三者に損害が及んでも、その第三者は損害

第2章　択一式 教養問題A

第3節●行政法

賠償を受けることはできない。

5 国または公共団体は、公の営造物の設置または管理の瑕疵に基づく賠償
責任を負う場合、損害の原因について他に責に任すべき者がいても、この
者に対し求償権を行使することはできない。

## 解説14

1 **誤り**。事故が被害者自身の通常の用法を逸脱した異常な用法に起因する
場合には、設置管理者は国家賠償法2条の責任を負わない（最判平
5.3.30）。

2 **誤り**。相当な時間を経過したにもかかわらず、道路管理者がこれを知ら
ず、安全保持に必要な措置をまったく講じなかったことは、道路管理の瑕
疵に当たる（最判昭50.7.25）。

3 **正しい**（最判昭59.1.26）。

4 **誤り**。瑕疵には機能的瑕疵も含まれ、その危険性は利用者以外の第三者
にも及ぶ（最大判昭56.12.26）。

5 **誤り**。国または公共団体は、公の営造物の設置または管理の瑕疵に基づ
く賠償責任を負う場合、損害の原因について他に責に任すべき者がある場
合には、この者に対し求償権を有する（国家賠償法第2条第2項）。

**正答 3**

## 問題15 損失補償に関する記述として、妥当なのはどれか。

1 損失補償は、職員が公務の遂行過程において故意または重大な過失によ
って公有財産に損失を与えた場合に、当該職員が行う損失の補填である。

2 損失補償は、行政庁の適法な公権力の行使によって加えられた経済上の
特別の犠牲に対し、全体的な公平の見地から行う財産的補償である。

3 損失補償は、行政庁の違法な公権力の行使によって加えられた精神的苦
痛に対し、不法行為責任の原則に基づいて行う賠償である。

4 損失補償は、行政庁の違法であるが過失のない行為によって加えられた
経済的損失に対し、私有財産保護の見地から行う財産的補償である。

5 損失補償は、道路、河川その他の営造物の設置または管理の瑕疵によっ

て生じた経済的損失に対し、無過失責任の原則に基づいて行う財産的補償
である。

## 解説15

1 **誤り。**この記述は、職員の不法行為により公共団体に損害を与えた場合
の賠償責任についての記述である。

2 **正しい。**

3 **誤り。**損失補償は適法な公権力の行使による特別の犠牲に対し、全体的
公平負担の見地から行われる補償である。

4 **誤り。**3の解説参照。

5 **誤り。**この記述は、国家賠償法第2条に定める公の営造物の設置または
管理の瑕疵に基づく損害賠償の説明である。

正答 2

## 問題16　行政不服審査法に定める不服申し立てに関する記述として、妥
当なのはどれか。

1 審査請求を受けた行政庁は、審査庁に所属する職員の中から審理手続き
を行う者を指名するとともに、その旨を審査請求人及び処分庁等に通知し
なければならない。

2 審査請求にかかる審理手続きにおいては、原処分に関与しない審理員に
よる公正審理の趣旨から、条例により審理員の指名を行わない旨の規定を
置くことは、認められない。

3 審査庁となるべき行政庁には、審理員となるべき者の名簿の作成及び適
当な方法による公開が義務付けられている。

4 審査請求の審理は、原則として審査庁が指名した審理員が行うことか
ら、不適法であって補正することができないことが明らかな審査請求につ
いても、審理員による却下の裁決が必要である。

5 審査庁は、簡易迅速な手続きという観点から、再調査の請求を経て行う
審査請求における審理員の指名に際しては、当該処分にかかる再調査の請
求の決定に関与した者の中から選出することとされている。

**59**

解説16

1 **正しい**（行政不服審査法第9条第1項）。

2 **誤り。** 条例に基づく処分について、条例に特別の定めを設けた場合、審理員の指名を不要とすることができる（行政不服審査法第9条第1項ただし書）。

3 **誤り。** 審理員となるべき者の名簿の作成は努力義務である。ただし、作成した場合は適当な方法により公にしておかなければならない（行政不服審査法第17条）。

4 **誤り。** 審査請求が不適法であって補正することができないときは、審理手続きを経ないでする却下裁決（行政不服審査法第24条第2項）に該当するため、審理員の指名は不要である（同法第9条1項ただし書）。また、裁決を行うのは審査庁である（同法第44条）。

5 **誤り。** 再調査の請求に関与した者は指名できない（行政不服審査法第9条第2項）。

**正答　1**

問題17　行政不服審査法に定める執行停止に関する記述として、妥当なのはどれか。

1 　処分庁の上級行政庁以外の審査庁は、必要があると認めるときは、審査請求人の申し立てにより、処分の効力または処分の執行の全部または一部の停止をすることができるが、この場合、当該審査庁は処分庁の意見を聴取する必要はない。

2 　審査庁による処分の効力の停止は、処分の効力の停止以外の措置によって目的を達することができる場合であっても行うことができる。

3 　処分庁の上級行政庁である審査庁は、必要があると認めるときは、職権で処分の効力、処分の執行または手続きの続行の全部または一部の停止その他の措置をすることができる。

4 　審査庁は、執行停止をした後に、執行停止が公共の福祉に重大な影響を及ぼすことが明らかになった場合に限り、その執行停止を取り消すことができる。

5 審査庁は、審査請求人の申し立てがあった場合において、処分、処分の
執行または手続きの続行により生じる重大な損害を避けるため緊急の必要
があると認めるときは、必ず執行停止をしなければならない。

**解説17**

1 **誤り。**処分庁の意見を聴取したうえで執行停止をすることができる（行
政不服審査法第25条第3項）。
2 **誤り。**他の措置によって目的を達することができるときは、処分の効力
を停止することはできない（行政不服審査法第25条第6項）。
3 **正しい**（行政不服審査法第25条第2項）。
4 **誤り。**設問の場合のほか、その他事情が変更したときにも執行停止を取
り消すことができる（行政不服審査法第26条）。
5 **誤り。**公共の福祉に重大な影響を及ぼすおそれがあるとき等はこの限り
ではない（行政不服審査法第25条第4項）。

正答 3

**問題18** 行政事件訴訟に関する記述として、妥当なのは次のどれか。

1 行政事件訴訟は、法律関係の性質に着目したものというよりは、行政処
分という権力的行為形式を抗告訴訟という訴訟形式で争わせるところに特
徴があり、形式的行政処分によるときであっても抗告訴訟をもって争いう
る。
2 行政事件訴訟は、法律関係の性質に着目したものであって、公法上の法
律関係のみが抗告訴訟という訴訟形式で争いうるところに特徴があり、私
法上の法律関係については、当事者訴訟をもって争いうる。
3 行政事件訴訟は、法律関係の性質に着目するとともに、具体的な行政行
為の形式の種類に応じて訴訟形式を区分しているところに特徴があり、私
法関係における紛争解決を目的とした民事訴訟手続きの準用を認めていな
い。
4 行政事件訴訟は、法律関係の性質に着目したものであって、公法上の当
事者関係のみが抗告訴訟という訴訟形式で争いうるところに特徴があり、

形式的行政処分による時は抗告訴訟をもって争うことはできない。

5　行政事件訴訟は、法律関係の性質に着目したものというよりは、行政行為という行政の行為形式を当事者訴訟という訴訟形式で争わせるところに特徴があり、形式的行政処分によるときは当事者訴訟をもって争うことができる。

## 解説18

1　**正しい。**
2　**誤り。**当事者訴訟は、公法上の法律関係を争うものである。
3　**誤り。**行政事件訴訟法に定めがない事項については、民事訴訟の例によるとされている（行政事件訴訟法第7条）。
4　**誤り。**公法上の当事者関係の争いは、当事者訴訟となる。また、判例では形式的行政処分も抗告訴訟の対象とされている（最判昭45.7.15）。
5　**誤り。**行政行為に関する訴訟のすべてが当事者訴訟というわけではない。

**正答　1**

## 問題19　行政不服審査法に関する記述として、妥当なのはどれか。

1　再調査の請求ができない処分について、誤って再調査の請求ができる旨の教示が行われ、処分庁に再調査の請求がされた場合には、当初から正式な再調査の請求がされたものとみなされる。

2　行政庁は不服申し立てをすることができる処分を行う場合、それが口頭による処分であっても教示を行わなければならない。

3　不服申し立てのできる処分を行政庁が書面で行う場合、教示の請求権者は当該処分の相手方に限られ、当該処分の利害関係人は教示を請求することはできない。

4　行政庁が教示義務に反して教示をしないとき、処分について不服のある者は、当該処分庁に不服申立書を提出することができる。

5　処分庁が、不服申し立てのできる処分について、誤って法定期間より長い期間を申し立て期間として教示した場合、その教示された期間内に不服申し立てがなされたとしても、本来の法定期間を過ぎていれば、その申し

立ては却下となる。

## 解説19

1　**誤り**。本問の教示が行われた場合、当該処分が審査請求可能な処分であれば、処分庁は、すみやかに再調査の請求書を審査庁となるべき行政庁に送付しなければならない。そして、当該請求書が審査庁となるべき行政庁に送付されたときは、初めから正式な審査請求があったものとみなされる（行政不服審査法第22条）。

2　**誤り**。口頭による処分の場合、教示は義務付けられていない（行政不服審査法第82条第1項）。

3　**誤り**。利害関係人から教示を求められれば教示をしなければならない（行政不服審査法第82条第2項）。

4　**正しい**（行政不服審査法第83条第1項）。

5　**誤り**。本問の教示が行われた場合は、行政不服審査法第18条1項ただし書における「正当な理由」に該当し、却下とならない。

**正答　4**

## 問題20　取消訴訟に関する記述として、妥当なのは次のどれか。

1　取消訴訟においては、行政庁の処分の存在は要件とされていないので、行政庁の事実行為により不利益を受けた場合にも、すべて行政訴訟上訴えの利益が認められる。

2　取消訴訟における訴えの利益は、専ら経済的損失の救済の観点から認められるので、国家賠償法に基づく損害賠償の請求を行う場合には、その前提として必ず当該処分の取り消しを求める訴えを提起しなければならない。

3　取消訴訟においては、処分または裁決の効果が期間の経過その他の理由によりなくなった後においても、処分または裁決の取り消しによって回復すべき法律上の利益が存在する限り、訴えの利益が認められる。

4　取消訴訟で棄却判決があった場合には、処分庁が自ら当該処分の違法を認め、職権でこれを取り消すことはできない。

5　取消訴訟で認容判決があった場合には、その判決には形成力が認めら

右側欄外：第**2**章　択一式　教養問題A

れ、その効力は、被告行政庁には及ぶが、第三者には及ばない。

## 解説20

1　**誤り**。公権力の行使に当たる事実行為に限られる（行政事件訴訟法第3条第2項）。

2　**誤り**。国家賠償請求は経済的損失の救済を目的とし、取消訴訟とは制度目的を異にする。国家賠償請求をする前提として、処分の取消訴訟を提起する必要はない（最判昭36.4.21）。

3　**正しい**。行政事件訴訟法第9条かっこ書きのとおり。

4　**誤り**。既判力は判決で示された法的判断と異なった相手方に不利益な主張をすることを禁じる力であるため、処分庁が自ら当該処分の違法を認め、職権で取り消すことを妨げない。

5　**誤り**。処分または裁決を取り消す判決は、第三者に対しても効力を有する（行政事件訴訟法第32条）。

**正答　3**

# 第4節 地方自治制度

　地方自治制度は、国と地方公共団体との間の基本的な関係を確立するとともに、議会や執行機関などの様々な組織と、その運営方法に関するルールを幅広く定めるものです。この科目をマスターすることは主任試験合格だけでなく、日々の業務にも役立つ場面がきっとあるはずです。この科目の出題数は、ＡⅠ類事務が10問、ＡⅠ類技術は6問です。行政法、地方公務員制度と並んで非常に多く、重要な得点源になります。

## 出題傾向と勉強方法

　過去の本試験における地方自治制度の出題実績は、表に示す通りです。どのような分野の問題が多く出題されているか、大まかに把握してから学習を開始するとよいでしょう。傾向としては例年、「財務」や「議会」「長」の出題比率が高くなっています。

　なお、一つの問題の中で複数の分野にまたがる知識を横断的に問うものが出題されることがありますので、まずは分野ごとの正確な理解に注力しつつ、地方自治制度を全体的に俯瞰できるように学習を進めておきましょう。

　地方自治制度における問題のほとんどは、地方自治法に関する出題となっています。例年の問題を見ると、地方自治法に定められている条文がそのまま正答の選択肢になっていたり、条文の一部を書き換えて誤答の選択肢としていたりするものが多く登場しますので、基本的かつ重要な条文についてはしっかりマスターしてください。

　しかし、地方自治法は条文数も多く、これを完全に網羅することは、不可能と言わざるを得ません。主任試験の合格を目指すという観点から考えると、地方自治法の各条に対して解説するような詳細な文献を最初から読み進めて学習するというやり方よりも、頻出分野に的を絞った昇任試験用の問題集を解きながら、都度、参考書や関連する条文などを参照する進め方のほう

が、学習効率の点で優れています。

# 参考図書

　以下に、代表的な参考図書を列挙します。これら以外にもいくつか書籍が出版されていますので、自分の好みに合うものを探してみてください。

　ただし、地方自治法は近年の地方分権改革を背景として、頻繁に改正が繰り返されています。近年では、平成29年に、地方公共団体におけるガバナンス強化を目的として、内部統制、監査制度等に関する改正が行われています。最新の法改正に準拠していることを必ず確認してください。

## ○問題集
『1日10分　地方自治法』都政新報社
『地方自治法　実戦150題』都政新報社
『地方自治法101問』学陽書房
## ○参考書
『試験・実務に役立つ！　地方自治法の要点』学陽書房
『完全整理　図表でわかる地方自治法』学陽書房
## ○六法
『地方自治ポケット六法』学陽書房
『都政六法』学陽書房

　『地方自治ポケット六法』は、地方自治法や政令（地方自治法施行令）のほかにも、条文ごとに関連する行政実例や判例なども分かりやすく整理してあるので、1冊用意しておくと、学習の手助けになるのではないかと思います（憲法、地方公務員法、行政手続法など、他の出題分野に関連する法律も掲載されています）。

## 地方自治制度の出題実績（過去10年間）

| 出題分野 | H25 | H26 | H27 | H28 | H29 | H30 | R1 | R2 | R3 | R4 |
|---|---|---|---|---|---|---|---|---|---|---|
| 総則的事項 | | ※ | | | ※ | ○※ | | | | ※ |
| 区域・廃置分合等 | | | ○ | | | | ○ | | ○ | |
| 住　民 | | | | | | | | | | |
| 条例・規則 | ○ | | ○ | ○ | ○ | ※ | ○ | | ○ | ○※ |
| 選　挙 | ○ | | | | | | | ○ | | |
| 直接請求 | | ○ | ○ | | ○ | | | ○ | | |
| 議　会 | ○○ | ○○ | ○ | ○ | ○○ | ○※ | ○ | ○ | ○○ | ○ |
| 長の地位・権限 | ○ | ○ | ○ | ○ | | ○※ | | ○○ | | ○○ |
| 補助機関 | ※ | ○ | | ○ | | | | ○ | | |
| 行政委員会 | ○ | | ○ | | | | ○ | | ○ | |
| 附属機関 | ※ | | ○ | | | | ○ | | | |
| 財　務<br>（財産・住民監査請求等を含む） | ○○○ | ○○ | ○○○ | ○○ | ○○ | ○○ | ○○ | ○○ | ○○○ | ○○ |
| 公の施設 | | ○ | | ○ | | ○ | | | ○ | |
| 外部監査 | | ○ | | | | | | ○ | | |
| 国と地方公共団体の関係<br>条例による事務処理の特例 | | ※ | | | ※ | | | ○ | | ※ |
| 事務の共同処理 | | | | ※ | | | ○ | | | ○ |
| 大都市に<br>関する特例 | | | | ○ | | | ○ | | | |
| 特別地方公共団体 | | | | ※ | | ○ | | | ○ | ○ |

※印…同一の設問中に複数の項目が含まれる問題
（H25：附属機関・補助機関、H26：自治事務・法定受託事務、H28：協力方式、H29：自治事務・法定受託事務、H30：条例案の提案・議決要件・施行期日・長の再議権、R4：自治事務・法定受託事務）

第2章 択一式 教養問題A

67

> 【問題 1】 地方自治法に定める地方公共団体の事務に関する記述として、
妥当なのはどれか。

1　都道府県は、市町村を包括する広域の地方公共団体として、地域における事務のうち、広域にわたるもの、市町村に関する連絡調整に関するもの及び統一的な処理を必要とするものを処理する。

2　都道府県は、市町村の行政事務について、条例で必要な規定を設けることが認められており、この条例に違反した市町村の条例は無効となる。

3　市町村は、基礎的な地方公共団体として、統一的な処理を必要とするものとして都道府県が処理するものとされているものを除き、普通地方公共団体の事務を処理する。

4　都道府県は、法令に違反してその事務を処理してはならないとされているが、市町村は、法令及び当該都道府県の条例に違反してその事務を処理してはならない。

5　都道府県及び市町村は、その事務を処理するに当たっては、住民の福祉の増進に努めなければならないが、相互に競合しないようにする必要はない。

> 【解説 1】

1　**誤り**。都道府県は、広域にわたるもの、市町村に関する連絡調整に関するもの及び一般の市町村が処理することが適当でないものと認められるものを処理する。

2　**誤り**。地方分権一括法による改正前の規定に関する記述（いわゆる「統制条例」）であり、現在は廃止されている。

3　**誤り**。広域にわたるもの、市町村に関する連絡調整に関するもの及びその規模または性質において一般の市町村が処理することが適当でないと認められるものを除き、市町村が処理する。

4　**正しい**。

5　**誤り**。都道府県及び市町村は、その事務を処理するに当たっては、相互に競合しないようにしなければならない。

**正答　4**

問題2 　地方自治法に定める普通地方公共団体の区域に関する記述として、妥当なのはどれか。

1　市町村の区域の変更が都道府県の区域の変更を伴う場合は、都道府県の区域の変更と同様の手続きをとらなければならない。

2　市町村の廃置分合は、関係市町村がそれぞれの議会の議決に基づいて協議により決定し、都道府県知事に届け出なければならないと法定されている。

3　市町村の境界変更には、その類型として分割、分立、合体、編入があり、いずれも総務大臣との事前の協議が必要である。

4　普通地方公共団体の区域の変更のうち、境界変更は法人格の発生または変更を伴うものであり、廃置分合は法人格の発生または変更を伴わないものである。

5　都道府県の廃置分合または境界変更は、関係都道府県の申請に基づき、内閣が国会の承認を経て定める場合を除き、法律でこれを定めるとされている。

解説2

1　**誤り**。都道府県の境界にわたる市町村の設置を伴う市町村の廃置分合または市町村の境界の変更は、関係のある普通地方公共団体の申請に基づき、総務大臣が定める。

2　**誤り**。市町村の廃置分合は、関係市町村の申請に基づき、都道府県知事が当該都道府県議会の議決を経てこれを定める。

3　**誤り**。「廃置分合」には、分割、分立、合体及び編入の4種がある。

4　**誤り**。境界変更と廃置分合の説明が逆である。

5　**正しい**。この法律は憲法で定める地方自治特別法にあたる。

正答　5

**問題3** 　地方自治法に定める地方公共団体の名称及び事務所に関する記述として、妥当なのはどれか。

1　市町村の名称変更は、当該市町村が議会の議決を経て条例で定めた上で、都道府県知事に協議を行い報告することによって効力を生じる。

2　市町村の名称変更の報告を受けた都道府県知事は、内閣総理大臣に通知しなければならない。

3　都道府県の名称を変更する法律は、憲法で定める地方自治特別法にあたり、当該都道府県の住民による投票で過半数の同意を得なければならない。

4　地方公共団体は、その事務所の位置を変更するときは、条例でこれを定めなければならないが、この条例の提案権は長に専属し、議員はこれを提案することはできない。

5　地方公共団体の事務所の位置を変更する場合、議会で出席議員の過半数による議決が必要である。

**解説3**

1　**誤り**。都道府県知事への協議は、市町村が条例で定める前に行う。

2　**誤り**。通知先は内閣総理大臣ではなく、総務大臣である。

3　**正しい**。

4　**誤り**。議員も提案が可能である。

5　**誤り**。過半数ではなく、出席議員の3分の2以上の同意が必要である。

**正答　3**

**問題4** 　地方自治法に定める条例に関する記述として、妥当なのはどれか。

1　異なる地方公共団体の条例相互の間において優劣の違いはなく、都道府県の条例が市町村の条例に優先するものではない。

2　条例には、科料を科する旨の規定を設けることはできるが、過料を科する旨の規定を設けることはできない。

3　普通地方公共団体は、自治事務については、法令に違反しない限りにお

いて条例を定めることができるが、法定受託事務については、法の委任が
あった場合に限り条例を定めることができる。
4　条例は、個々の条例で特定の施行期日を定めない限り、公布の日から起
算して10日を経過した日から施行される。
5　地方公共団体の長は、新たに予算を伴う条例案について、必要な予算上
の措置が講ぜられる見込みがなくても、議会に提出することができる。

### 解説 4

1　**誤り**。市町村及び特別区は、当該都道府県の条例に違反してその事務を
処理してはならない。
2　**誤り**。条例には、2年以下の懲役若しくは禁錮、100万円以下の罰金、
拘留、科料若しくは没収の刑または5万円以下の過料を科する旨の規定を
設けることができる。
3　**誤り**。法定受託事務についても、法令に違反しない限りにおいて条例を
定めることができる。
4　**正しい**。
5　**誤り**。新たに予算を伴う条例案については、必要な予算上の措置が適確
に講ぜられる見込みが得られるまでの間は、議会に提出できない。

**正答　4**

### 問題 5

地方自治法における選挙に関する記述として、妥当なのはど
れか。

1　年齢満20年以上で引き続き3カ月以上市町村の区域内に住所を有する
者は、日本国民に限らずとも、当該市町村の議会の議員の選挙権を有する。
2　年齢満25年以上の日本国民が市町村長の被選挙権を有するためには、
引き続き3カ月以上、当該市町村の区域内に住所を有していなければなら
ない。
3　年齢満30年以上の日本国民は、都道府県の区域内に住所を有していな
くても、当該都道府県の知事の被選挙権を有する。
4　普通地方公共団体の議会の議員は、その属する地方公共団体の選挙管理

員会の委員を選挙することはできないが、教育委員会の委員を選挙することができる。

5　普通地方公共団体の議会の議員は、その属する議会の議長を選挙することができるが、副議長については、議長が議員の中から選任することとされており、議員が副議長を選挙することはできない。

解説 5

1　**誤り**。地方公共団体の長と議員の選挙権は、年齢18歳以上の日本国民であり、引き続き3カ月以上市町村の区域内に住所を有する者に対して認められており、外国人には認められていない。

2　**誤り**。長の被選挙権に住所要件はなく、日本国民であれば市町村長は年齢25歳以上の者、都道府県知事は年齢30歳以上の者に対して認められている。

3　**正しい**（選択肢2の解説を参照）。

4　**誤り**。選挙管理委員は、選挙権を有する者で一定の要件を満たすもののうちから、議会で選挙する。教育委員会の委員は、当該普通地方公共団体の長の被選挙権を有する者のうちから、長が議会の同意を得て任命する。

5　**誤り**。普通地方公共団体の議会は、議員の中から議長及び副議長1人を選挙しなければならない。

正答　3

問題 6　地方自治法に定める直接請求に関する記述として、妥当なのはどれか。

1　選挙権を有する者は、その総数の50分の1以上の者の連署により、監査委員に対して事務の監査を請求することができるが、その対象は当該普通地方公共団体の長及び職員の財務会計上の行為または怠る事実に限られる。

2　事務の監査の結果に不服がある場合は、住民監査請求と同様に裁判所に対し訴訟を提起することができる。

3　議会の解散請求は、選挙権を有する者の総数の3分の1以上の者の連署

が必要となるが、これに対する例外は認められない。

4　普通地方公共団体の長は、条例の制定または改廃の請求があったとき
は、10日以内に請求の要旨を公表し、請求を受理した日から30日以内に
議会を招集し、意見をつけてこれを議会に附議しなければならない。

5　普通地方公共団体の議会の議員または長の解職請求をすることができな
い制限期間は、原則として、その就職の日から1年間及び解職請求に基づ
く投票の日から1年間である。

## 解説6

1　**誤り。** 当該普通地方公共団体の事務の執行に関し、監査の請求をするこ
とができる。長や職員の財務会計上の行為または怠る事実に限られるの
は、住民監査請求である。

2　**誤り。** 住民監査請求では一定の要件の下で訴訟の提起が可能とされてい
るが、事務の監査請求にはこれが認められていない。

3　**誤り。** 原則は選択肢の通りだが、選挙権を有する者の総数40万を超え
る場合と80万を超える場合には、それぞれ署名の収集要件が緩和される。

4　**誤り。** 条例の制定・改廃の請求があった場合、長は直ちに請求の要旨を
公表しなければならず、当該請求を受理した日から20日以内に議会の招
集、ならびに意見を付して議会への付議を行わなければならない。

5　**正しい。**

**正答　5**

## 問題7
地方自治法に定める普通地方公共団体の議会の会議に関する記
述として、妥当なのはどれか。

1　議会には、定例会、臨時会、特別会があり、このうち定例会は、毎年条
例で定める回数招集しなければならない。

2　議会は、原則として議員の定数の半数以上の議員が出席しなければ会議
を開くことができないとされており、半数以上の議員の中には議長も含ま
れる。

3　議会の議事は、原則として出席議員の過半数でこれを決し、可否同数の

ときは議長と副議長の合議で決する。

4　議会の会期中に議決に至らなかった事件は、委員会に付議された事件で
　　あっても、後会に継続しない。

5　議会の臨時会は、必ず議長が招集することとされており、議長は議員か
　　ら臨時会の招集の請求があった場合には、議会を招集しなければならない。

**解説7**

1　**誤り**。普通地方公共団体の議会には、定例会・臨時会があるが、特別会
　　はない。

2　**正しい**。

3　**誤り**。議会の議事は、出席議員の過半数でこれを決し、可否同数のとき
　　は議長が決する。

4　**誤り**。会期中に議決に至らなかった事件は後会に継続しないのが原則だ
　　が、議会の議決により委員会に付議された特定の事件については閉会中も
　　なお、これを審査することができ、後会に継続する。

5　**誤り**。普通地方公共団体の議会は、長がこれを招集する。議員から臨時
　　会の招集の請求があった場合に、請求日から20日以内に長が臨時会を招
　　集しないときは、議長が臨時会を招集しなければならない。

**正答　2**

**問題8**　地方自治法に定める普通地方公共団体の議会の議員に関する記
述として、妥当なのはどれか。

1　議員の定数については、人口区分に応じた定数が地方自治法で定められ
　　ており、地方公共団体の条例で定数を増加させたり減少させたりすること
　　はできない。

2　議員は、衆議院議員、参議院議員、他の普通地方公共団体の議会の議員
　　と兼ねることができず、地方公共団体の短時間勤務職員と兼ねることもで
　　きない。

3　議員の任期は4年と定められ、任期満了前に議員の身分を失うのは、辞
　　職のほかは、住民からの直接請求による解職及び議会の解散の場合に限ら

れる。

4　議員の懲罰処分の効力が発生する時期は、議会の議決がなされたときではなく、議会の議決後、その通知が当該処分対象の議員に到達したときである。

5　地方公共団体の議会の議員にも、国会議員と同様に不逮捕特権や免責特権が認められており、議会開会中は議会の許諾がなければ逮捕されず、また議会内で行った発言については免責される。

**解説8**

1　**誤り。** 議員の定数は条例で定めることとされている。なお、議員定数は、かつては地方自治法が定める数とされ、条例でその定数を減少させることができることとされていたが、平成15年からは都道府県議会、市町村議会ともに地方自治法が人口に応じて定める上限の範囲内において条例で定数を定めることとされ、さらに、当該上限も平成23年の法改正により撤廃され、現在では完全に地方公共団体の判断により、単に条例で定めることとされている。

2　**正しい。**

3　**誤り。** 選択肢の冒頭は正しいが、議員が任期満了前にその身分を失う場合としては、選択肢に記載されている事由のほかに「選挙または当選の無効」「被選挙権の喪失」「兼職禁止に該当した場合」「兼業禁止該当の決定」「懲罰としての除名」が挙げられる。

4　**誤り。** 懲罰処分の効力発生時期は、議決のときである。

5　**誤り。** 地方公共団体の議会の議員には、不逮捕特権や免責特権は認められていない。

**正答　2**

**問題9**　普通地方公共団体の議会の議長または副議長に関する記述として、妥当なのはどれか。

1　議員の任期は4年であるが、議長及び副議長の任期は定められておらず、議長及び副議長は、議会の許可を得て辞職することができる。

2　普通地方公共団体の議会は、原則として副議長１人を置くが、条例で定
　　めた場合には、これを置かないことができる。
3　議長は、どの委員会にも出席し、自由に発言することができ、採決に加
　　わることができる。
4　議会または議長の処分または裁決に係る普通地方公共団体を被告とする
　　訴訟については、議長が当該普通地方公共団体を代表する。
5　議長及び副議長を選挙する場合において、議長の職務を行う者がいない
　　ときは、出席議員の中で年長の議員が議長の職務を行い、これを仮議長と
　　いう。

**解説9**

1　**誤り**。議長及び副議長の任期は、議員の任期によると、地方自治法で定
　　められている。
2　**誤り**。普通地方公共団体の議会は、議員の中から議長及び副議長１人を
　　選挙しなければならないと地方自治法で定められており、条例で副議長の
　　人数を増減させることはできない。
3　**誤り**。議長が採決に加わることができるのは、自己が所属する委員会の
　　みである。
4　**正しい**。
5　**誤り**。議長及び副議長を選挙する場合において、議長の職務を行う者が
　　いないときは、出席議員の中で年長の議員が議長の職務を行い、これを臨
　　時議長という。なお、議長及び副議長ともに事故があるときは、仮議長を
　　選挙し、議長の職務を行わせる。

**正答　4**

**問題10**　地方自治法に定める地方公共団体の議会の調査権に関する記述
として、妥当なのはどれか。
1　調査権は、当該地方公共団体に関係する住民や法人の間で法律上の争い
　　がある場合に、議会が準司法機関的な役割を果たすために認められた制度
　　である。

2　この調査権は、議会がその権限を実効的に行使するために認められたものであるが、議会は、あらかじめ一般的・包括的に調査権を常任委員会に委任しておくことができる。

3　議会がこの調査権を行使できるのは、現に議題となっている事項を調査するための議案調査に限られ、世論の焦点となっている事件の実情を明らかにするための政治調査は認められていない。

4　議会は、この調査権に基づき、選挙人その他の関係人に対して出頭及び証言を請求できるが、国の行政機関の地位にある者に出頭・証言を請求することは認められていない。

5　議会は、当該地方公共団体が出資した株式会社に対して、その出資金の行政効果を調査するため、必要な限度においてこの調査権を発動し、記録の提出を求めることができる。

### 解説10

1　**誤り**。調査権は、議会が議決権その他の権限を、有効適切に行うための手段として認められているものであり、議会が準司法機関的な役割を果たすために認められたものではない。なお、調査権は、根拠が地方自治法第100条であることから「百条調査権」などと呼ばれている。

2　**誤り**。あらかじめ一般的・包括的に調査権を常任委員会に委任することはできない。

3　**誤り**。政治事件などの調査も可能である。

4　**誤り**。調査対象には国の行政機関も含まれる。

5　**正しい**。

**正答　5**

### 問題11　地方自治法に定める普通地方公共団体の長の権限に関する記述として、妥当なのはどれか。

1　長は、その権限の全部または一部を長以外の者に行使させることができ、その方法は、代理及び委任に限られる。

2　長が担任する事務として、地方自治法第149条各号に、議案の提出、予

算の調製・執行等の事務が限定列挙されている。

3　長は、その権限に属する事務の一部をその補助機関である職員に委任することができるが、当該普通地方公共団体の委員会に委任することはできない。

4　長の職務代理者が代理しうる範囲は、原則として長の権限の全てに及ぶが、議会の解散、副知事、副市町村長等の任命等、長たる地位または身分に附随する一身専属的な権限については及ばないと解されている。

5　長は、その権限に属する事務の一部を当該普通地方公共団体の委員会または委員に臨時に代理させることができる。

## 解説11

1　**誤り。**長の権限の代行制度には、代理と委任のほかに、補助執行（長の権限を内部的に補助し、執行させること）がある。

2　**誤り。**地方自治法第149条には「普通地方公共団体の長は、おおむね左に掲げる事務を担任する」と定められており、同条各号で定められた事務は「限定列挙」ではなく「例示列挙」である。

3　**誤り。**選択肢の前半は正しい。なお、副知事・副市町村長に対する委任については地方自治法第167条第2項。委任は、その地方公共団体の委員会、委員会の委員長、委員、これらの執行機関の事務を補助する職員、及びその管理に属する機関の職員に対しても認められている。

4　**正しい。**

5　**誤り。**委員会または委員との間では、委任、補助執行、職員の兼職などができることが定められているが、臨時代理については地方自治法では定められていない。

**正答　4**

## 問題12　地方自治法に定める普通地方公共団体の長の専決処分に関する記述として、妥当なのはどれか。

1　長は、議会が非常の災害による応急の施設のために必要な経費に関する予算を否決したときは、専決処分により支出することができる。

2 議会が議決すべき事件を議決しないとき、専決処分をすることができるが、専決処分の対象には議会で行われる選挙も含まれる。

3 特に緊急を要するため議会を招集する時間的余裕がないことが明らかであるかどうかの認定は、長が行うが、その認定には客観性がなければならない。

4 法律の規定により長の行った専決処分であっても、次の議会に報告し、議会の承認を得なければ将来に向かってその効力は無効となる。

5 長の専決処分には、法律の規定による専決処分と、議会の委任による専決処分があるが、議会の委任による専決処分については議会への報告義務はない。

**解説12**

1 **誤り**。長は、議会が非常の災害による応急の施設のために必要な経費に関する予算を否決したときは、これを再議に付さなければならない（専決処分により支出することはできない）。

2 **誤り**。議会で行われる選挙は、議会の専権に属するものであり、専決処分の対象にはならないと解されている。

3 **正しい**。

4 **誤り**。議会の承認が得られなくても、既に行われた専決処分の法的効力には影響はない。

5 **誤り**。議会の委任による専決処分についても、議会への報告が必要である。

**正答　3**

**問題13** 地方自治法に定める長の補助機関に関する記述として、妥当なのはどれか。

1 普通地方公共団体の長、副知事若しくは副市町村長または監査委員と親子、夫婦または兄弟姉妹の関係にある者は、会計管理者となることができず、また、会計管理者は、在職中にそのような関係が生じたときは、その職を失う。

2　副知事は、都道府県に置かれ、その定数は条例で定めることとされているが、条例で副知事を置かないと定めることはできない。

3　副知事は、当該地方公共団体との請負などの兼業が禁止されており、副知事がこの規定に違反する場合、副知事は当然に失職する。

4　会計管理者は、都道府県に原則として1人置かれ、任期は4年であるが、条例で定めるところにより会計管理者を置かず、知事にその職務を行わせることができる。

5　専門委員は、地方公共団体の長の委託を受けて、長の権限に属する事務に関し必要な調査を行うが、長が専門委員を選任する場合には議会の同意を必要とする。

### 解説13

1　**正しい**。
2　**誤り**。条例で副知事を置かないこともできる。
3　**誤り**。この場合、知事は副知事を解職しなければならない。
4　**誤り**。都道府県の会計管理者は必置機関であり、任期の定めはない。
5　**誤り**。専門委員の選任には、議会の同意や法律・政令・条例の根拠は必要ではない。

**正答　1**

### 問題14
地方自治法に定める長の不信任議決に関する記述として、妥当なのはどれか。

1　長の不信任の議決には、不信任議決の内容を有していることが明確で、法定の要件を満たしている辞職勧告決議や信任案の否決も含まれると解される。

2　議会において、不信任の議決がなされたときは、議長は10日以内にその旨を長に通知しなければならず、長はその通知を受理した日から20日以内に議会を解散することができる。

3　長の不信任の議決は、議員の4分の3以上の者が出席し、その過半数の者の賛成が必要である。

4　議会が非常災害による応急復旧施設のための経費を削除または減額した
ときは、長は、その議決を不信任の議決とみなして議会を解散させること
ができる。

5　不信任議決に対抗して長が議会を解散した後、初めて招集された議会に
おいて、再度不信任議決がされたときは、長は再度、議会を解散すること
ができる。

**解説14**

1　**正しい。**

2　**誤り。**長は、議長からの通知を受理した日から10日以内に議会を解散
することができる。

3　**誤り。**議員の3分の2以上の者が出席し、その4分の3以上の者の賛成
が必要である。

4　**誤り。**長は、非常災害の復旧施設に要する経費を削減する議会の議決が
なされた場合、理由を示して再議に付さなければならず、再議の結果、な
お同様の議決がなされたときは、その議決を不信任の議決とみなすことが
できる。

5　**誤り。**長が議会を解散後、初めて招集された議会において、議員数の3
分の2以上の者が出席し、その過半数の者により再び不信任の議決があっ
たときは、長は、その職を失う。

**正答　1**

**問題15**　地方自治法に定める付属機関に関する記述として、妥当なのは
どれか。

1　普通地方公共団体は、法律またはこれに基づく政令の定めるところによ
り、執行機関の付属機関を置くことができる。

2　付属機関は、執行機関の行政執行のために、または行政執行に伴い必要
な調停、審査等を行うことを職務とするため、執行権を有する機関である。

3　普通地方公共団体の執行機関の付属機関を組織する委員その他の構成員
は、非常勤とされており、条例により常勤とすることができない。

4　普通地方公共団体の執行機関の付属機関は、一つの執行機関にのみ付属するものであり、複数の執行機関に付属することができない。

5　普通地方公共団体の執行機関の付属機関の職務権限は、規則で定めなければならない。

**解説15**

1　**誤り**。普通地方公共団体は、法律または条令で定めるところにより、執行機関の付属機関を置くことができる（地方自治法第138条の4第3項）。

2　**誤り**。付属機関は、法律または条例に基づいて執行機関に置かれる審議会、審査会などであり、執行機関が行政を行う前提として必要な調停、審査、調査、審議などを行い、その行政執行を助けるもので自らの執行権はない（地方自治法第202条の3第1項）。

3　**正しい**（地方自治法第202条の3第2項）。

4　**誤り**。執行機関の付属機関は、必ずしも特定の執行機関のみに付属するとは限らない。

5　**誤り**。付属機関の職務権限は、法律若しくはこれに基づく政令または条例で定められる必要がある（地方自治法第202条の3第1項）。

**正答　3**

**問題16**　地方自治法に規定する決算に関する記述として、妥当なのはどれか。

1　普通地方公共団体の長は、決算を監査委員の審査に付した後、次の通常予算を議する会議までに議会の認定に付さなければならない。

2　普通地方公共団体の長は、決算を監査委員の意見を付けて総務大臣に報告し、かつその要領を住民に公表しなければならない。

3　普通地方公共団体の長は、決算をその認定に関する議会の議決を経た後、監査委員の審査に付さなければならない。

4　会計管理者は、毎会計年度決算を調製し、会計年度終了後6カ月以内に議会の認定に付さなければならない。

5　会計管理者は、毎会計年度決算を調製し、監査委員の審査に付した後3

カ月以内に、普通地方公共団体の長に提出しなければならない。

### 解説16

1　**正しい**（地方自治法第233条第3項）。次の通常予算を議する会議は当該決算を調製した次回の通常予算を審議する議会を指すものとされている。

2　**誤り**。普通地方公共団体の長は監査委員の意見を付けて議会の認定に付し、議会の議決と監査委員の意見とあわせてその要領を住民に公表しなければならない（地方自治法第233条第6項）。平成23年5月公布の法改正により、それまで自治法に明文化されていた都道府県の総務大臣、市町村の都道府県知事への報告は、地方分権改革推進計画に基づく義務付けの廃止に伴って撤廃された。

3　**誤り**。決算を監査委員の審査に付すことについては、議会の認定に付す前に行わなければならない（地方自治法第233条第3項）。

4　**誤り**。会計管理者は毎会計年度、出納閉鎖後3カ月以内に決算を調製して普通地方公共団体の長に提出しなければならない（地方自治法第233条第1項）。

5　**誤り**。監査委員の審査に付すのは普通地方公共団体の長である（地方自治法第233条第2項）。

**正答　1**

### 問題17

普通地方公共団体の予算に関する記述として、妥当なのはどれか。

1　普通地方公共団体は予算単一主義を採っているが、法は例外として特別会計を設けることのみを認めている。

2　会計年度独立の原則の例外として、事故繰越、繰越明許費のみが認められている。

3　地方自治法は住民に対し予算要領を公表することを普通地方公共団体に義務付けている。これを予算公開の原則という。

4　普通地方公共団体は、1会計年度の一切の収入支出を歳入歳出予算に編入することとする総計予算主義を採っているが、一時借入金の収入や歳計

剰余金を基金に編入する場合の収支もこの原則の例外ではない。

5　本予算は、年度開始前に議会の議決を経なければならないが、暫定予算
は、本予算が年度の開始前に成立しない場合のつなぎ予算として調製する
ものであり、議会の議決を経る必要はない。

## 解説17

1　**誤り**。予算単一主義の原則は、財政全体の通観を容易にすることと財政
の膨張の防止を目的とする。ただし、例外として特別会計と補正予算があ
る。

2　**誤り**。会計年度独立の原則とは、各会計年度における歳出はその年度の
歳入をもってあてなければならないとするものである（地方自治法第208
条）。ただし、厳格に適用すると実際の財政運営に適合しない場合がある
ことから、継続費の逓次繰り越し（地方自治法施行令第145条第1項）、
繰越明許費（地方自治法第213条、215条）、事故繰り越し（地方自治法第
220条第3項、地方自治法施行令第150条）、過年度収入（地方自治法第
243条の5、地方自治法施行令第160条）、過年度支出（地方自治法第243
条の5、地方自治法施行令165条の8）、前年度剰余金の繰り入れ（地方
自治法第233条の2）、翌年度歳入の繰上充用（地方自治法施行令第166条
の2）のような例外が認められている。

3　**正しい**。予算公開の原則は、予算が成立したときは長がその要領を住民
に公表することを義務付けている（地方自治法第219条第2項）。なお、
財政状況の公表を年2回以上住民に行う旨の規定がある（地方自治法第
243条の3第1項）。

4　**誤り**。前段の総計予算主義の説明については正しい（地方自治法第210
条）。この原則は、予算執行上の責任を明確にし、予算の全貌を明確化す
ることのできる方法として歳入と歳出を混交しないものである。ただし、
後段の一時借入金の収入や歳計剰余金を基金に編入する場合の収支（地方
自治法第233条の2）等は例外とされている。

5　**誤り**。本予算は、年度開始前に議会の議決を経なければならない（地方
自治法第211条第1項）。暫定予算は、本予算が成立していない場合に本
予算が成立するまでの一定期間のために作成される予算であるが、議会の

議決を経る必要がある（地方自治法第218条第2項、3項）。

**正答　3**

**問題18**　地方自治法に定める支出に関する記述として、妥当なのはどれか。

1　会計管理者は、長の支出命令が法令または予算に違反しているか否かの確認がなしえない場合は、支出を拒否することはできない。

2　金融機関が指定した普通地方公共団体の支出方法は現金払いが原則である。

3　支出負担行為とは、普通地方公共団体の支出の原因となるべき契約その他の行為をいい、法令または予算の定めるところに従って行わなければならない。

4　会計管理者は、普通地方公共団体の長の支出命令を受けた場合、支出負担行為が法令または予算に違反していないことを確認すればよく、支出負担行為に係る債務が確定していることを確認しなくても、支出することができる。

5　普通地方公共団体の支出の原因となるべき契約その他の行為を、債務負担行為という。

**解説18**

1　**誤り。**会計管理者は確認がなしえない場合には、支出を拒否しなければならない（地方自治法第232条の4第2項）。

2　**誤り。**金融機関を指定した普通地方公共団体の支出方法は原則として指定金融機関を支払人とする小切手の振り出しまたは公金振替書の交付により行うものとされている（地方自治法第232条の6第1項）。

3　**正しい**（地方自治法第232条の3）。

4　**誤り。**会計管理者は、支出負担行為に係る債務が確定していることを確認したうえでなければ、支出をすることはできない（地方自治法第232条の4第2項）。

5　**誤り。**支出負担行為に関する記述である（地方自治法第232条の3）。

**正答　3**

　地方自治法に定める公金取扱金融機関に関する記述として、妥当なのはどれか。

1　収納代理金融機関は、普通地方公共団体の長があらかじめ指定金融機関の意見を聴いて指定するが、指定にあたっては議会の議決を必要とする。
2　指定金融機関は、都道府県にあっては任意で指定することができるが、市町村にあっては指定することが地方自治法で義務づけられている。
3　指定金融機関は、自ら行う公金の収納及び支払事務について普通地方公共団体に対し責任を負うが、収納代理金融機関が行う公金の収納事務について責任を負うことは義務付けられていない。
4　収納代理金融機関は、指定代理金融機関の事務の一部を取り扱う金融機関であるが、普通地方公共団体ごとに、指定金融機関以外の金融機関のうちから1行しか指定することができない。
5　指定金融機関は、普通地方公共団体の公金の収納及び支払いの事務を取り扱う金融機関であり、指定にあたっては議会の議決を必要とする。

解説19

1　**誤り**。指定金融機関の意見は聴かなければならない（地方自治法施行令第168条第7項）が、議会の議決は必要としない。
2　**誤り**。都道府県と市町村の記述が逆である（地方自治法第235条）。
3　**誤り**。指定金融機関は、収納代理金融機関等が行う公金の収納事務についても責任を負う（地方自治法施行令第168条の2第2項）。
4　**誤り**。指定金融機関については、一つしか指定できない（地方自治法施行令第168条第1項及び第2項）が、収納代理金融機関についてはそのような定めはない。
5　**正しい**（地方自治法第235条、地方自治法施行令第168条第1項及び第2項）。

正答　**5**

**問題20** 　地方自治法に定める財産に関する記述として、妥当なのはどれか。

1　普通地方公共団体の長は、債権について、履行期限までに履行しない者があるときは、期限を指定して督促しなければならない。

2　債権金額が少額で取り立てに要する費用に満たないときは、履行が著しく困難な場合でも、普通地方公共団体の長は必ず債権の取り立てをしなければならない。

3　普通地方公共団体は、規則の定めるところにより、特定の目的のために財産を維持し、資金を積み立て、または定額の資金を運用するための基金を設けなければならない。

4　特定の目的のために定額の資金を運用するための基金について、普通地方公共団体の長は、3年に1度、その運用の状況を示す書類を作成し、会計管理者の意見を付けて、議会に提出しなければならない。

5　基金の運用から生ずる収益は、基金の目的外での利用を防止するため、毎会計年度の歳入歳出予算に計上してはならず、基金の管理に要する経費は、毎会計年度の歳入歳出予算に計上しなければならない。

**解説20**

1　**正しい**（地方自治法施行令第171条）。

2　**誤り**。長は、履行期限後相当の期間を経過してもなお完全に履行されていないものについて、債権金額が少額で、取り立てに要する費用に満たないと認めるときであって、履行させることが著しく困難または不適当であると認めるときは、以後その保全及び取り立てをしないことができる（地方自治法施行令第171条の5）。

3　**誤り**。基金を設けることが「できる」（地方自治法第241条第1項）。

4　**誤り**。長は、毎会計年度、その運用の状況を示す書類を作成し、これを監査委員の審査に付し、その意見を付けて、主要な施策の成果を説明する書類等と併せて議会に提出しなければならない（地方自治法第241条第5項）。

5　**誤り**。基金の運用から生ずる収益及び基金の管理に要する経費は、それ

ぞれの毎会計年度の歳入歳出予算に計上しなければならない（地方自治法
第241条第4項）。

**正答　1**

**問題21**　　地方自治法に定める職員の賠償責任に関する記述として、妥当
なのはどれか。

1　資金前渡を受けた職員が、その保管に係る現金を亡失したときはいかな
　る場合においてもこれによって生じた損害を賠償しなければならない。
2　物品を使用している職員が、その使用に係る物品を故意または過失によ
　り損傷したときは、これによって生じた損害を賠償しなければならない。
3　監査委員が、賠償責任があると決定した場合においても、普通地方公共
　団体の長は賠償責任の全部または一部を免除できる。
4　会計管理者と会計管理者の事務を補助する職員が共謀して公金を横領し
　たときは、それぞれの職分と損害発生の原因となった程度に応じて賠償責
　任を負う。
5　占有動産を保管している職員は、故意または過失により、その保管に係
　る占有動産を亡失したときは、これによって生じた損害を賠償しなければ
　ならず、またこの職員の賠償責任については、賠償に関する民法の規定が
　適用される。

**解説21**

1　**誤り**。資金前渡を受けた職員が故意または過失によりその保管に係る現
　金を亡失したときは、これによって生じた損害を賠償しなければならない。
2　**誤り**。物品を使用している職員については軽過失の場合は責任を問わな
　い。
3　**誤り**。普通地方公共団体の長は、損害が避けることのできない事故その
　他やむを得ない事情によるものであることの証明を相当と認めるときは、
　あらかじめ監査委員の意見を聴き、その意見を付けて議会に付議し、議会
　の同意を得て賠償責任の全部または一部を免除できる。
4　**正しい**。2人以上の職員の行為によって生じたものであるときは、それ

ぞれの職分と損害発生の原因となった程度に応じて賠償責任を負う。

5 **誤り**。職員の賠償責任については、民法の規定は適用されない。

正答 4

**問題22** 地方自治法に定める地方公共団体の協力方式に関する記述として、妥当なのはどれか。

1 機関の共同設置において、共同設置された機関は、それぞれの地方公共団体の機関としての性格を有し、その行為はそれぞれの地方公共団体に帰属する。

2 職員の派遣において、派遣された職員は、派遣を受けた地方公共団体の職員の身分を有することになり、派遣した地方公共団体の職員の身分を当然に失う。

3 事務の委託は、都道府県相互間及び市町村相互間において行うことができるが、都道府県と市町村の間において行うことができない。

4 一部事務組合は、2つ以上の地方公共団体がその事務の一部を共同して処理するために設ける組織であり、普通地方公共団体に区分される。

5 協議会は、独立した法人格を有しており、協議会が関係地方公共団体のために行った事務の執行は、協議会が行ったものとしての効力を生じる。

**解説22**

1 **正しい**（地方自治法第252条の12参照）。

2 **誤り**。派遣された職員は、当該職員を派遣した普通地方公共団体と派遣を受けた普通地方公共団体の職員の身分をあわせ有することとなる（地方自治法第252条の17第2項）。

3 **誤り**。普通地方公共団体は、事務の一部を他の普通地方公共団体に委託することができるので、都道府県と市町村の間においても行うことができる（地方自治法第252条の14第1項）。

4 **誤り**。地方公共団体の組合として、特別地方公共団体に区分されている（地方自治法第1条の3第3項）。

5 **誤り**。協議会はそれ自体、法人格を有するものではないと解されてお

り、協議会が関係普通地方公共団体等の名においてした事務の管理及び執行は、関係普通地方公共団体の長その他執行機関が管理し及び執行したものとしての効力を有する（地方自治法252条の5）。

**正答　1**

**問題23**　大都市に関する特例に関する記述として、妥当なのはどれか。

1　中核市は、人口30万人以上を有することが要件であり、中核市の申し出をしようとする市は当該市の議会の議決を必要とするが、当該市を包括する都道府県の同意は必要ない。

2　指定都市は、政令で指定する人口50万人以上の市で、一定の面積を有することが要件であり、条例で区を設置するが、この区は法人格を有していない。

3　指定都市は、必要と認めるときは、条例で区ごとに区地域協議会を置くことができるが、その区域内に地域自治区が設けられる区には、区地域協議会を設けることはできない。

4　指定都市は、その行政の円滑な運営を確保するため、必要があると認めるときは条例で総合区を設け、総合区長を置く。総合区長は、議会の同意を得て選任されるが、任期はない。

5　指定都市及び包括都道府県の事務の処理について必要な協議を行うため、指定都市都道府県調整会議を設けるが、その構成員として、指定都市と包括都道府県の議会の議員を加えることができる。

**解説23**

1　**誤り。**中核市の要件は人口20万人以上を有する市であるものとされている。中核市の申し出をしようとするときは都道府県の同意も必要である（地方自治法第252条の22、252条の24）。

2　**誤り。**政令で指定する人口50万人以上の市が自治法上の指定都市であり面積は要件とされていない（地方自治法第252条の19第1項）。また、市長の権限に属する事務を分掌させるため、条例で区を設置する（地方自治法第252条の20第1項）が、行政区であるため法人格はない。

3 **誤り**（地方自治法第252条の20第7項）。地域住民の意見を反映させつ
つ、これを処理させるため条例で区ごとに区地域協議会を置くことができ
るものとした。この場合において、その区域内に地域自治区が設けられる
区には区地域協議会を設けないことができる。

4 **誤り**（地方自治法第252条の20の2第1項、3項、4項、5項）。総合
区長は、議会の同意を得て選任され、任期は4年で、市長は任期中であっ
ても総合区長を解職できる。後段が誤り。

5 **正しい**（地方自治法第252条の21の2第1項、2項、3項）。

正答 5

**問題24** 外部監査契約に関する記述として、地方自治法上、妥当なのは
どれか。

1 普通地方公共団体は、包括外部監査契約を締結する場合には、同一の者
とは連続して4回まで包括外部監査契約を締結することができる。

2 普通地方公共団体は、包括外部監査契約を締結する場合には、あらかじ
め監査委員の意見を聴かなければならないが、議会の議決を経る必要はな
い。

3 普通地方公共団体は、毎会計年度、地方自治法に定められた専門家の監
査を受け、監査の結果に関する報告書の提出を受けるための包括外部監査
契約を締結しなければならない。

4 普通地方公共団体は、個別外部監査契約を締結する場合には、その旨を
当該団体の条例で定めなければならない。この場合において、個別外部監
査を導入するかどうかは当該団体の判断による。

5 普通地方公共団体は、毎会計年度、住民、議会、または長からの請求ま
たは要求に基づく監査を、監査委員の監査に代えて契約に基づく監査によ
ることとするため、個別外部監査契約を締結しなければならない。

**解説24**

1 **誤り**。連続して4回、同一の者と包括外部監査契約を締結してはならな
い（地方自治法第252条の36第4項）。

2 **誤り**。議会の議決を経なければならない（地方自治法第252条の36第1項）。

3 **誤り**。市町村（指定都市及び中核市を除く）については、契約に基づく監査を受けることを条例によって定めたもののみ（地方自治法第252条の27第2項）が、条例で定める会計年度において、当該年度に係る包括外部監査契約を締結しなければならない（地方自治法第252条の36第2項）。

4 **正しい**。

5 **誤り**。個別外部監査契約については、当該契約について条例で定めている普通地方公共団体の場合のみ、契約を締結することができる（地方自治法第252条の39第1項、法第252条の40第1項、法第252条の41第1項、法第252条の42第1項、法第252条の43第1項）。

**正答　4**

---

**問題25**　地方自治法に定める一部事務組合または財産区に関する記述として、妥当なのはどれか。

1　総務大臣は公益上必要がある場合、都道府県、市町村及び特別区に対し一部事務組合または広域連合を設けるべきことを勧告できる。

2　市町村の一部事務組合については、その共同処理事務が組合を構成する全ての市町村に共通する種類のものでなくてはならない。

3　財産区は、市町村及び特別区の一部で財産または公の施設の管理を行うことについて、法人格を認められた普通地方公共団体である。

4　財産区は、財産を所有しまたは公の施設を設けている限りにおいて存続し得るものであるので、これらを処分して所有権を喪失すれば、財産区は当然に消滅する。

5　財産区の組織については、原則として固有の議決機関や執行機関が権能を行使するため、財産区の存する市町村及び特別区の議会や執行機関が権能を行使してはならない。

---

**解説25**

1　**誤り**。「総務大臣」ではなく「都道府県知事」は公益上必要がある場

合、関係のある市町村及び特別区に勧告できる（地方自治法第285条の2第1項）。

2　**誤り**。一部事務組合で共同処理する事務は組合を構成する全ての市町村に共通して関係することのない場合をも認めたものである（地方自治法第285条）。

3　**誤り**。財産区は、特別地方公共団体である（地方自治法第294条第1項）。

4　**正しい**。財産区の財産の全部を処分した場合、財産区は法人格を失う（行政実例）。

5　**誤り**。財産区は、原則として議決機関や執行機関を持たないため、財産区の存する区市町村の議会や執行機関がその権能を行使するが（地方自治法第294条第1項）、必要と認めるときは、都道府県知事は、議会の議決を経て区市町村の条例を設定し、財産区の議会または総会を設けて財産区に関し区市町村の議決すべき事項を議決させることができる（地方自治法第295条）。

正答　**4**

第**2**章

択一式 教養問題A

# 地方公務員制度

　地方公務員法は、地方公務員の任用や勤務条件、分限及び懲戒、服務等の基本事項を定めた法律です。地方公務員として仕事をしていく上で基本となる大変重要な法律ですから、この機会に正しい知識を身に付けましょう。

　地方公務員法は全65条と短い法律ですが、この科目の出題数はＡⅠ類事務で10問程度、ＡⅠ類技術では８問程度と、非常に大きなウェートを占めています。他の法律科目と比較すると、条文の内容が具体的でイメージしやすく、勉強しやすい科目であるといえます。また、自らの業務や働き方にも直接影響する内容ですので、ぜひこの機会に理解を深め、得点源にしていただければと思います。なお、条文に目を通す際は、ただ漫然と読むだけではなく、常に条文の意義と問われやすいポイントを意識することが重要です。

　地方公務員法は、平成29年５月（令和２年４月１日施行、特別職の任用及び臨時的任用の厳格化、「会計年度任用職員」の創設による一般職の非常勤職員の任用等に関する制度の明確化）、令和３年６月（令和５年４月１日施行、地方公務員の定年引き上げ）に改正されていますので、その内容についてもきちんと押さえておきましょう。

## 出題傾向と勉強方法

　過去の主任試験における地方公務員制度の出題実績は、表に示す通りです。

　地方公務員法は、条文数が少ない割に出題数が多いため、各条から幅広く出題されています。中でも「任用」「服務」「分限及び懲戒」に関する問題は頻出で、毎年必ず出題されています。これらの分野は、試験対策としてだけではなく、都職員として必要不可欠な知識になりますので、この機会にしっかり学習しておくようにしましょう。

　問題によっては、関係法令や行政実例等の知識まで必要になるものもあり、関連分野も含めて総合的に理解しておくことが必要になります。また、

その一方で細かな点まで問われる選択肢もありますので、条文の内容を正確に押さえておくことも心掛けましょう。

　学習にあたっては、実際の過去問を解いて出題傾向や特徴を確認した上で、参考書で基本的な論点を押さえながら、問題集を繰り返し解いてください。その際、各選択肢のどの部分がどのように間違っているのかを意識することで、細かい部分まで理解し、知識を定着させることができます。

　問題集は、少なくとも3周はしておくと良いでしょう。回数を重ねるごとに、解くスピードが上がってきます。自分の苦手な分野も分かってきますので、間違えやすい事項をノートなどに書き出しておくと試験直前の確認に役立ちます。

　以下に参考図書を紹介します。

## ○問題集

『地方公務員法101問』学陽書房

『地方公務員法　実戦150題』都政新報社

『これで完璧地方公務員法200問』学陽書房

『地方公務員法基本問題集300問』公人の友社

『1日10分地方公務員法』都政新報社

## ○参考書

『地方公務員法の要点』学陽書房

『完全整理　図表でわかる地方公務員法』学陽書房

第2章 択一式 教養問題A

# 地方公務員制度の出題実績 (過去10年間)

| 地方公務員法と出題分野の対応 | | | | H25 | H26 | H27 | H28 | H29 | H30 | R1 | R2 | R3 | R4 |
|---|---|---|---|---|---|---|---|---|---|---|---|---|---|
| 第一章 | | 総則 | 一般職・特別職 | ○ | ○ | | | | ○ | | ○ | | |
| 第二章 | | 人事機関 | 任命権者 | | | ○ | | | ○ | ○ | | | ○ |
| | | | 人事委員会 | ○ | | ○ | | | ○ | | ○ | | |
| 第三章 | 第一節 | 通則 | 平等原則 | | | | | | ○ | | | | ○ |
| | 第二節 | 任用 | 任用 | | | | ○ | ○ | ○ | | | | ○ |
| | | | 欠格条項 | ○ | ○ | | | | ○ | | ○ | | |
| | | | 条件付採用 | | | ○ | ○ | | ○ | | | | |
| | | | 臨時的任用 | ○ | | | | ○ | | | ○ | | |
| | | | 任期付採用 | | | | ○ | | | | | ○ | |
| | | | 再任用 | ○ | | | | ○ | | | ○ | | |
| | 第三節 | 人事評価 | 人事評価 | | | | | | ○ | ○ | | | ○ |
| | 第四節 | 給与、勤務時間その他の勤務条件 | 給与 | ○ | | | ○ | | ○ | | | | |
| | 第四節の二 | 休業 | 休業 | | | | | | | | | | |
| | 第五節 | 分限及び懲戒 | 離職 | | ○ | ○ | | | | | ○ | | |
| | | | 分限処分 | ○ | | ○ | | ○ | ○ | | | | ○ |
| | | | 懲戒処分 | ○ | | ○ | | | ○ | ○ | | | |
| | 第六節 | 服務 | 服務の宣誓 | | | | ○ | | | | ○ | | |
| | | | 上司の命令に従う義務 | | ○ | | | ○ | | | | ○ | |
| | | | 信用失墜行為の禁止 | | | | ○ | | | | | ○ | |
| | | | 秘密を守る義務 | ○ | | | | ○ | ○ | | ○ | | |
| | | | 職務に専念する義務 | | ○ | | ○ | | ○ | ○ | | | |
| | | | 政治的行為の制限 | | ○ | ○ | | | ○ | | ○ | | |
| | | | 争議行為等の禁止 | ○ | | | | | | | ○ | | |
| | | | 営利企業等の従事制限 | ○ | | | | ○ | | | | ○ | |
| | 第六節の二 | 退職管理 | 退職管理 | | | | ○ | ○ | ○ | | | | ○ |
| | 第七節 | 研修 | 研修 | | | | | | | | | | |
| | 第八節 | 福祉及び利益の保護 | 公務災害補償 | | | | | | | | | | ○ |
| | | | 勤務条件の措置要求 | | ○ | | ○ | | ○ | | ○ | | |
| | | | 不利益処分の審査請求 | | | | | ○ | | ○ | | | ○ |
| | 第九節 | 職員団体 | 職員団体 | | ○ | ○ | | | | ○ | | | ○ |
| 第四章 | | 補則 | 補則 | | | | | | | | | | |
| 第五章 | | 罰則 | 罰則 | | | | | | | | | ○ | |
| | | その他 | 労働基本権 | | | | | ○ | | | ○ | | |
| | | | 地方公務員の関係法令 | | | | | ○ | | | | | ○ |

**問題 1**　地方公務員法に定める一般職及び特別職に関する記述として、妥当なのはどれか。

1　地方公務員の職は一般職と特別職に分類され、いずれにも属しない地方公務員は存在せず、特別職に属する地方公務員の範囲は、地方公務員法に限定列挙されている。

2　特別職のうち、副知事及び教育委員会の委員については地方公共団体の議会の同意を必要とするが、監査委員及び公安委員会の委員は、地方自治法等で定める要件を満たしていれば、議会の同意を要せず知事が任命することができる。

3　任命権者が任意に任用する地方公共団体の長の秘書で、条例で指定するものは、一般職の地方公務員である。

4　地方公営企業の管理者及び公営企業管理者の補助職員は、特別職の地方公務員である。

5　ある職が一般職に属するか特別職に属するか明らかでないときに、その区分を決定する権限は、人事委員会または公平委員会に与えられている。

**解説 1**

1　**正しい**。特別職に属する地方公務員の範囲は、地方公務員法に限定列挙されており、一般職は特別職に属する職以外の一切の職としている。

2　**誤り**。副知事及び教育委員会の委員同様、監査委員や人事委員会、公安委員会及び収用委員会の委員等も、議会の同意が必要である。

3　**誤り**。地方公共団体の長の秘書で、条例で指定するものは、特別職の地方公務員である。

4　**誤り**。地方公営企業の管理者は特別職の地方公務員であるが、公営企業管理者の補助職員は一般職の地方公務員である。

5　**誤り**。ある職が一般職の公務員に属するか特別職の公務員に属するかを決定する権限は、任命権者に与えられている。

**正答　1**

　地方公務員法に定める任命権者に関する記述として、妥当なのはどれか。

1　任命権者は、地方公務員法に列挙された者に限定され、その他の者が任命権者になることは認められていない。

2　副知事、会計管理者、監査委員、地方公営企業の職員の任命権者は、都道府県知事である。

3　人事委員会事務局の職員の任命権者は、人事委員会であり、地方労働委員会事務局の職員の任命権者は、地方労働委員会である。

4　任命権者は、地方公務員法、地方公務員法に基づく条例、地方公共団体の規則及び地方公共団体機関の定める規定に従い、職員の任命、人事評価、休職及び免職を行う権限を有するが、懲戒を行う権限は有していない。

5　任命権者は、任命権者の権限の一部をその補助機関である上級の地方公務員に委任することができるが、受任者は委任された権限をさらに他の者に委任することはできない。


解説 2

1　**誤り**。限定列挙ではなく例示列挙である。この他にも、法令・条例に基づく任命権者がある。

2　**誤り**。地方公営企業の職員の任命権者は「都道府県知事」ではなく「地方公営企業管理者」である。

3　**誤り**。前半の人事委員会事務局に関する記述は正しいが、地方労働委員会事務局の職員の任命権者は、地方公共団体の長である。

4　**誤り**。任命権者は、それぞれ職員の任命・人事評価・休職・免職・懲戒等を行う権限を有する。

5　**正しい**（知事が副知事・局長に委任、都議会議長が議会局長に委任など）。委任された範囲において委任者の権限は受任者に移転し、受任者は任命権の再委任はできない。

**正答　5**

**問題3** 地方公務員法に定める人事委員会及び公平委員会に関する記述として、妥当なのはどれか。

1　人事委員会は3人の委員をもって組織されており、委員それぞれが単独で職務権限を行使することができる独任制をとっている。

2　人事委員会の委員は非常勤であるため、原則として職員の服務に関する規定が準用されるが、政治的行為の制限に関する規定は準用されない。

3　人事委員会及び公平委員会の委員は非常勤であるため、地方公務員法が定める職務に専念する義務が適用されない。

4　人事委員会及び公平委員会の権限には、準立法的権限、準司法的権限、行政的権限があり、内容が共通する部分もあるが、人事行政に関する研究、調査、企画、立案等を行う権限を持つのは、人事委員会のみである。

5　地方公共団体は、他の地方公共団体と共同して人事委員会または公平委員会を設置することができる。

**解説3**

1　**誤り。**人事委員会を含め、地方公共団体に設置される行政委員会は、監査委員を除き、合議制の機関である。

2　**誤り。**人事委員会の委員は、常勤または非常勤とされているが、どちらも政治的行為の制限に関する規定は準用される。

3　**誤り。**公平委員会の委員は非常勤であるが、人事委員会の委員は常勤または非常勤である。なお、非常勤の職員には、職務に専念する義務や営利企業等の従事制限が適用されない。

4　**正しい。**公平委員会は、準司法的権限については人事委員会と同様のものが認められているが、行政的権限及び準立法的権限については、人事委員会と比べ、その範囲が限定されている。

5　**誤り。**公平委員会を置く地方公共団体は、他の地方公共団体と共同して公平委員会を置くことまたは他の地方公共団体の人事委員会へ事務を委託することが可能であるが、地方公務員法上、人事委員会を置く地方公共団体が、他の地方公共団体と共同して人事委員会を設置できるとする規定はない。

**正答　4**

**問題 4** 　地方公務員法に定める任用に関する記述として、妥当なのはどれか。

1　採用試験の目的は、受験者が当該試験に係る職の属する職制上の段階の標準的な職に係る標準職務遂行能力及び当該採用試験に係る職についての適性を有するか否かを正確に判定することである。

2　人事委員会等は、採用試験の受験者に必要な資格として、職務の遂行上必要である最大かつ合理的な要件で、客観的かつ多様な事項を定めるものとする。

3　採用候補者名簿には、採用試験において合格点以上を得た者の氏名及び得点を、その得点順に記載するものとする。

4　競争試験は、筆記試験により、若しくは口頭試問及び身体検査並びに人物性向、教育程度、経歴、適性、知能、技能、一般的知識、専門的知識及び適応性の判定の方法により、またはこれらの併用により行うことが地方公務員法に定められている。

5　職員の職に欠員を生じた場合においては、任命権者は、採用、昇任または降任という三つの方法のうちいずれかにより、職員を任命しなければならない。

**解説 4**

1　**正しい。**

2　**誤り。**人事委員会等は、受験者に必要な資格として、職務の遂行上必要であって最少かつ適当な限度の、客観的かつ画一的な要件を定めるものとする。

3　**誤り。**採用候補者名簿には、採用試験において合格点以上を得た者の氏名及び得点を記載するものとする（「得点順に」という定めはない）。

4　**誤り。**競争試験は、筆記試験その他の人事委員会等が定める方法により行うことが定められている。

5　**誤り。**任命権者は、採用・昇任・降任・転任のいずれかの方法により、職員を任命することができる。

**正答　1**

**問題5** 　地方公務員法に定める欠格条項に関する記述として、妥当なのはどれか。

1　成年被後見人または被保佐人は、職員となるための競争試験を受けることができないが、選考を受けることはできる。
2　欠格条項に該当する者を誤って採用した場合、その者への通知方法は、無効宣言に類する「採用自体が無効であるので登庁の要なし」とする通知書で足りる。
3　禁錮以上の刑に処せられ、その執行後2年を経過しない者またはその執行を受けることがなくなるまでの者は、職員となることができない。
4　懲戒免職の処分を受け、2年を経過しない者は、当該処分を受けた地方公共団体以外の地方公共団体の職員となることはできない。
5　欠格者の採用は当然無効であり、この間にその者が行った行為は、事実上の公務員の理論により無効であるとされている。

**解説5**

1　**誤り。**成年被後見人または被保佐人は、職員となり、または競争試験若しくは選考を受けることができる（成年被後見人・被保佐人を欠格条項とする規定は、令和元年12月の法改正で削除された）。
2　**正しい。**
3　**誤り。**禁錮以上の刑に処せられ、その執行を終わるまでまたはその執行を受けることがなくなるまでの者は、職員となることができない。
4　**誤り。**懲戒免職の処分を受けた地方公共団体の職員になることはできないが、他の地方公共団体の職員にはなることができる。
5　**誤り。**欠格条項に該当する者を採用する行為は当然無効であるが、その者が実際に職員として行った行為は有効で、その間の給与を返還する必要はない。ただし、退職手当は支給されない。

**正答　2**

**問題6** 地方公務員法に定める条件付採用に関する記述として、妥当なのはどれか。

1　条件付採用期間中の職員は、いまだ正式採用ではないが、勤務条件に関する措置要求については、正式に採用された職員と同様の取り扱いを受ける。

2　任命権者は、条件付採用期間中の職員の勤務成績が不良である場合、条件付採用期間を1年に至るまで延長しなければならない。

3　条件付採用は、職員の職務遂行能力及び職の適性を、実務を通じて確認するための制度であることから、能力や適性が実証された場合や任命権者が特に認めた場合には、条件付採用期間を短縮することができる。

4　条件付採用期間中の職員は、服務規律や懲戒に関する規定が適用され、法に定める事由により不利益処分を受けた場合、審査請求をすることができる。

5　条件付採用期間中の職員については、分限処分に関する規定が適用されないことから、地方公共団体は、条件付採用期間中の職員の分限について、必要な事項を定めることはできない。

**解説6**

1　**正しい。**

2　**誤り。**勤務成績が不良である場合は、条件付採用期間終了時に不採用とすることができる。条件付採用期間中に、能力の実証が得られないような客観的事情がある場合は、この期間を採用後1年まで延長することができるが、延長しなければならないわけではない。

3　**誤り。**条件付採用期間を6カ月未満に短縮することは認められない。

4　**誤り。**条件付採用期間中の職員には、不利益処分に対する審査請求の規定は適用されない。

5　**誤り。**条件付採用期間中の職員には、分限処分に関する規定が適用されないが、地方公共団体は、条件付採用期間中の職員の分限について、条例で必要な事項を定めることができる。

**正答　1**

**問題 7** 地方公務員法に定める臨時的任用に関する記述として、妥当なのはどれか。

1 臨時的任用の期間は1年を超えない期間であり、更新することはできない。

2 臨時的任用職員は、正式任用された職員とは異なり、職員団体を結成し、または職員団体に加入することはできない。

3 人事委員会を置く地方公共団体では、任命権者は常時勤務を要する職に欠員を生じた場合において、採用候補者名簿がないときは、人事委員会の承認を得て、臨時的任用を行うことができる。

4 定年による退職の規定は、臨時的に任用される職員にも適用される。

5 臨時的に任用された職員及びこれに対する処分については、行政不服審査法の規定を適用する。

**解説 7**

1 **誤り**。臨時的任用の期間は6月を超えない期間であり、1回に限り、6月を超えない期間で更新できる。

2 **誤り**。臨時的任用職員も、職員団体を結成し、または職員団体に加入することはできる。また、勤務条件の措置要求を行うことも可能である。

3 **正しい**。

4 **誤り**。定年による退職の規定は、臨時的任用職員・非常勤職員には適用しない。

5 **誤り**。臨時的任用職員は、地方公務員法に基づく審査請求も、行政不服審査法に基づく審査請求も、行うことができない。

正答 **3**

**問題 8** 地方公共団体の一般職の任期付職員の採用に関する記述として、妥当なのはどれか。

1 一般職の任期付職員の採用は、「地方公共団体の一般職の任期付職員の採用に関する法律」に基づき、条例の定めるところにより、行うことがで

きる。

2　一般任期付職員とは、高度の専門的な知識経験等を一定の期間活用して
遂行することが必要とされる業務に従事させる場合において、採用するこ
とができる職員である。

3　特定任期付職員とは、住民に対して直接提供されるサービスの提供時間
を延長する等の場合において、採用することができる職員である。

4　特定任期付職員及び一般任期付職員の任期は、３年を超えない範囲内で
任命権者が定め、その任期が３年に満たない場合にあっては、採用した日
から３年を超えない範囲で更新できる。

5　一定の期間内に終了することが見込まれる業務または一定期間内に限り
業務量の増加が見込まれる業務に関して、職員の任期を定めて採用する場
合は、選考によることと規定されている。

## 解説 8

1　**正しい。**

2　**誤り。**一般任期付職員とは、業務の専門性は内部で適任の人材を育成で
きる程度のものであるが、その育成が間に合わない場合、あるいは最新の
知識・技術を要する分野など都で育成すること自体が効率的でない場合等
に採用するものである。

3　**誤り。**特定任期付職員とは、高度の専門的な知識経験を要する業務で、
内部で適任の人材を確保できないような場合に採用するものである。

4　**誤り。**特定任期付職員及び一般任期付職員の任期は、５年を超えない範
囲内で任命権者が定め、その任期が５年に満たない場合にあっては、採用
した日から５年を超えない範囲で更新できる。

5　**誤り。**このような場合は、条例で定めるところにより職員を任期を定め
て採用することができると規定されているが、選考によることという規定
はない。

**正答　1**

**問題9** 地方公務員法に定める再任用に関する記述として、妥当なのはどれか。

1 再任用職員の職には、常時勤務を要する職と短時間勤務の職とがあり、ともに地方公務員法上の特別職である。

2 再任用の意義は、定年退職者等の能力及び経験の活用と、定年退職後の職員の生活を雇用と年金によって支えることにある。

3 定年退職日よりも前に勧奨退職した者のうち条例で定めるものを、退職に引き続き再任用することができる。

4 再任用の任期は、常時勤務を要する職及び短時間勤務の職ともに、原則として1年を超えない範囲内で定めなければならないが、特段の事情がある場合は、1年を超えて任期を定めることもできる。

5 再任用の際の職員採用に当たり、従前の勤務実績等による選考は、常時勤務を要する職については必要であるが、短時間勤務の職については不要である。

**解説9**

1 **誤り**。常時勤務を要する職、短時間勤務の職ともに、地方公務員法上の一般職である。

2 **正しい**。

3 **誤り**。再任用しようとする者が、その者を採用しようとする職に係る定年に達していなければならない。

4 **誤り**。再任用の任期は、地方公務員法で1年以内と規定されており、特段の事情がある場合であっても、1年を超えて任期を定めることはできない。

5 **誤り**。常時勤務を要する職、短時間勤務の職ともに、従前の勤務実績等による選考は必要である。

**正答　2**

**問題10** 地方公務員法に定める人事評価に関する記述として、妥当なのはどれか。

1 人事評価は、任用、給与その他の人事管理の基礎として活用するものとされており、分限を目的とした活用については地方公務員法上規定されていない。

2 能力評価は、具体的な業務の目標や課題を評価期間の期首に設定し、期末にその達成度を把握することによって、職員が持つ潜在的能力をどの程度発揮したかを評価するものである。

3 業績評価は、企画立案、専門知識、協調性、判断力などの評価項目に照らし、職員の職務上の行動等を通じて顕在化した業績について、その職員が果たすべき職務をどの程度達成したかを把握するものである。

4 任命権者が地方公共団体の長、議会の議長、選挙管理委員会、代表監査委員、教育委員会及び地方公営企業の管理者である場合に適用される人事評価の基準及び方法に関する事項その他人事評価に関し必要な事項は、人事委員会が定める。

5 任命権者は、職員の人事評価を公正かつ定期的に行い、人事評価の結果に応じた措置を講じなければならない。


**解説10**

1 **誤り**。人事評価とは、職員がその職務を遂行するに当たり発揮した能力及び上げた業績を把握した上で行われる勤務成績の評価を、任用・給与・分限その他の人事管理の基礎とするものである。

2 **誤り**。能力評価は、企画立案、専門知識、協調性、判断力などの評価項目に照らし、職員が持つ潜在的能力をどの程度発揮したかを評価するものである。

3 **誤り**。業績評価は、具体的な業務の目標や課題を評価期間の期首に設定し、期末にその達成度を把握することによって、職員の職務上の行動等を通じて顕在化した業績について、その職員が果たすべき職務をどの程度達成したかを把握するものである。

4 **誤り**。人事評価の基準及び方法に関する事項その他人事評価に関し必要

な事項は、任命権者が定める。任命権者が地方公共団体の長及び議会の議長以外の者であるときは、人事評価に関し必要な事項について、あらかじめ、地方公共団体の長に協議しなければならない。

5 **正しい。**

正答　5

問題11　地方公務員の給与に関する記述として妥当なのは、次のどれか。

1　地方公共団体が常勤職員に対し支給できる手当の種類については、地方自治法に定められており、これ以外の手当を条例で独自に定めて支給することはできない。

2　職員の給与は、条例に基づいて支給されなければならず、また、これに基づかずには、いかなる金銭または有価物も職員に支給してはならないと規定されており、職員の表彰の副賞として金品を授与することは当該規定に反する。

3　一般行政職員及び単純労務職員の給与については、給料表や具体的な額を条例で定めなければならないが、地方公営企業の職員の給与については、給与の種類と基準のみを条例で定めればよい。

4　休職者に対する給与については、心身の故障による休職の場合には、給与の一定割合を支給することができるが、刑事事件に関し起訴されたことに基づく休職の場合には支給することができない。

5　教育職員のうち県費負担教職員の給与については、都道府県が負担するが、職員の身分は市町村に属するので、具体的な支給額は各職員が所属する市町村の条例で定められる。

解説11

1　**正しい**（地方自治法第204条第2項）。

2　**誤り**。給与とは、労働基準法に定める賃金と同意義のものであり、職員表彰の副賞としての金品は給与に当たらない。

3　**誤り**。単純労務職員の給与についても、地方公営企業の職員と同様に、給与の種類と基準のみ条例で定めればよい。

4 　**誤り**。休職者に対しては、条例の定めるところにより、給与の一定割合
　　が支給される。

5 　**誤り**。県費負担職員に適用する給与条例は、給与を負担する都道府県が
　　定めるという支払団体主義がとられている（地教行法第42条）。

**正答 　1**

---

**問題12** 　地方公務員の離職に関する記述として妥当なのは、次のどれか。

1 　職員は、地方公務員法に定める欠格条項に該当するに至ったときは、何
　　らの手続きを要せずにその身分を失うこととされ、条例で欠格条項の一部
　　を適用しない旨を定めることは認められない。

2 　職員が定年に達したときは、当該年度の末日までの間において条例で定
　　める日に自動的に離職するが、その離職により公務に著しい支障が生ずる
　　場合は、任命権者は5年を限度として、1回に限り勤務延長をすることが
　　できる。

3 　職務上の義務に違反し、または職務を怠ったことにより免職処分を受け
　　た職員は、処分の日から2年間は、当該地方公共団体及び他の地方公共団
　　体の職員となることができない。

4 　辞職は、職員本人の申し出によるが、辞職の効力の発生時期は辞令が交
　　付されたときであり、それまでの間は、職員は退職願を提出した後も公務
　　員としての身分を有する。

5 　職員が公務員の身分を喪失すると、地方公共団体との間の特別権力関係
　　は消滅し、これに基づく権利義務も消滅するものとされ、この者が在職中
　　に行った行為については、懲戒処分を行うことができず、刑罰を科すこと
　　もできない。

---

**解説12**

1 　**誤り**。欠格条項に該当すると、別段の通知等を要せず法律上当然に失職
　　するが、条例で失職しない場合を定めることができる。

2 　**誤り**。勤務延長は、定年退職日の翌日から起算して1年を超えない範囲
　　で期限を定め、引き続き勤務させることができ、更新も可能。ただし、そ

108

の期限は定年退職日の翌日から起算して3年を超えることができない（地方公務員法第28条の3）。

3　**誤り**。懲戒免職の処分を受け2年を経過しない者であっても、当該処分を受けた地方公共団体以外の地方公共団体の職員となることは差し支えない。

4　**正しい**。なお、退職願の撤回は、辞令交付前なら信義則に反しない限り自由である（最判昭34.6.26）。

5　**誤り**。退職等により特別権力関係が消滅した場合は、懲戒処分を行うことができない（行実昭26.5.15）が、刑罰を科すことはできる。

正答　4

**問題13**　地方公務員法に定める分限処分としての休職に関する記述として妥当なのは、次のどれか。

1　任命権者は、職員が心身の故障のため長期の休養を要する場合、職員の意に反して、条例の定める期間の範囲内で休職とすることができる。

2　任命権者は、定数の改廃または予算の減少により過員を生じた場合、休職満期後の復職発令を条件として、職員を休職とすることができる。

3　任命権者は、職員本人の願い出による休職を分限処分として発令できるが、この場合には、休職期間中いかなる給与も支給してはならない。

4　任命権者は、条件付採用期間中の職員が勤務実績の良くない場合は、服務義務違反の責任を問うため、これを休職にすることができる。

5　任命権者は、職員が採用される以前から刑事事件に関し起訴されている事実が判明した場合は停職処分とし、休職処分をしてはならない。

**解説13**

1　**正しい**（地方公務員法第28条第2項）。

2　**誤り**。休職満期後の復職発令の条件に関係なく、この場合は降任または免職の事由となる（地方公務員法第28条第1項第4号）。

3　**誤り**。分限処分は職員の意に反する処分であり、職員本人の依頼による休職を分限処分として発令できるか否かについては、法解釈上争いがあ

る。また、休職期間中であっても一定の条件の下では給与が支払われることになる。

4  **誤り**。条件付採用期間中の職員については、分限事由を定める規定は適用されない（地方公務員法第29条の2第1項）。

5  **誤り**。採用以前から起訴されている事実があり、採用後にそれが判明した場合にも、判明後に休職処分を行うことができる（行実昭37.6.14）。

**正答　1**

---

**問題14**　　地方公務員法に定める懲戒処分に関する記述として、妥当なのはどれか。

1  懲戒免職を行う場合、解雇に関しての労働基準法の規定は適用されず、当該処分を受ける職員に対し、解雇予告や解雇予告手当の支払いを行うことを必要としない。

2  懲戒処分の種類は、戒告、減給、停職及び免職が法定されているが、条例でこれ以外の懲戒処分を定めることもできる。

3  条件付採用期間中の職員は、懲戒処分に関する規定は適用されず、また不利益処分に関する審査請求もできない。

4  職員が懲戒免職処分を受けた場合は、その後、再び当該地方公共団体だけでなく、他の地方公共団体の職員となることもできない。

5  減給は、一定期間職員の給料等を減ずる処分であり、その減額の範囲は条例に規定されているが、地方公営企業職員及び単純労務職員の減額については、労働基準法の規定が適用される。

---

**解説14**

1  **誤り**。懲戒免職については、労働基準法第20条の適用がある（地方公務員法第58条第3項）。

2  **誤り**。他の処分を定めることができるとまでは言っていない。

3  **誤り**。分限処分とは異なり、懲戒処分は適用される。ただし、不利益処分に対する審査請求はできない。

4  **誤り**。当該団体は処分後2年、他団体は2年経過しなくても職員となる

ことは可能（地方公務員法第16条第3号、行実昭26.2.1）。

5 **正しい**。労働基準法第91条の規定が適用される。

**正答　5**

**問題15**　地方公務員法に定める職務上の義務に関する記述として、妥当なのはどれか。

1　職員は、職務上の上司からの命令について、自分の考えと異なる場合は意見を述べることができるが、いかなる場合もその命令に従わなければならない。

2　職務命令は、職務遂行そのものに直接関係のあるものに限定され、いかなる場合も生活行動上の制限に及ぶことができない。

3　階層的に上下の関係に立つ2人以上の上司の発した職務命令が異なるときは、下位の直属の上司の命令が優先する。

4　職員の服務上の義務は、服務の宣誓を行うことによって生じるものではなく、職員として採用されたことによって、当然に生じるものである。

5　職務上知りえた秘密を守る義務は、職員たる身分を有する限り守らなければならない義務であり、離職後は適用されない。

**解説15**

1　**誤り**。職務命令に重大かつ明白な瑕疵がある場合には、無効であり、従う必要はない。

2　**誤り**。病気療養の命令など身分上の命令もある。

3　**誤り**。上位の上司の命令が優先する。

4　**正しい**。宣誓自体に法的効果はない。

5　**誤り**（地方公務員法第34条第1項）。

**正答　4**

**第2章　択一式 教養問題A**

**111**

地方公務員法に定める秘密を守る義務に関する記述として妥当なのは、次のどれか。

1 職員は、職務上知り得た秘密に属する事項を退職後に漏らしたときにも、懲戒処分の対象となるほか、刑罰の適用を受ける。

2 職員は、職務上の秘密に属する事項を発表する場合には、裁判所の許可を受けなければならない。

3 職員は、法令による証人、鑑定人等として職務上の秘密に属する事項を発表する場合には、任命権者の許可を受けなければならない。

4 職員は、人事委員会から証人として職務上の秘密に属する事項の発表を求められた場合には、任命権者の許可は不要とされている。

5 職員は、職務上知り得た秘密を守る義務を有し、その秘密には公的秘密は含まれるが、個人的秘密は含まれない。

## 解説16

1 **誤り**。退職者は、既に特別権力関係の外にいるので、行政罰である懲戒処分に付することはできない。

2 **誤り**。職務上の秘密に属する事項を発表する場合は、任命権者の許可を受けなければならない。人事委員会や裁判所の許可ではない。

3 **正しい**。

4 **誤り**。人事委員会から証人として職務上の秘密に属する事項の発表を求められた場合も、任命権者の許可は必要である。

5 **誤り**。職務上知り得た秘密には、個人的秘密も含まれる。

**正答　3**

## 問題17

地方公務員法に規定する職員の職務専念義務に関する記述として妥当なのは、次のどれか。

1 職員が勤務条件に関する措置の要求をすることは、法律で認められた権利であるので、それを勤務時間中に行う場合、当然に職務専念義務が免除される。

2　勤務時間中に職員団体活動を行うために職務専念義務を免除された職員
　　は、条例で定める場合を除き、当該職務専念義務を免除された時間につい
　　て、給与の支給を受けることができない。
3　職員団体が勤務時間中に適法な交渉を行う場合、職員団体が指名した職
　　員は、その指名により当然に職務専念義務が免除される。
4　営利企業に従事しようとする職員は、その従事する時間が当該職員に割
　　り振られた勤務時間外であっても、任命権者から営利企業に従事すること
　　の許可とあわせ、職務専念義務の免除の承認を受けなければならない。
5　都道府県が給与を負担している市町村立小学校の教職員の職務専念義務
　　は、当該都道府県の条例に基づき、都道府県教育委員会の承認により免除
　　される。

**解説17**

1　**誤り**。当然に職務専念義務は免除されるものではなく、あらかじめ任命
　　権者の承認を得なければならない。
2　**正しい**。給与減額免除の承認を受ければ、給与の支給を受けることがで
　　きる。職務専念義務が免除された職員の給与の取り扱いについては、地方
　　公務員法第24条第5項に基づく条例の定めるところによる。なお、第55
　　条の2第6項参照。
3　**誤り**。当然には職務専念義務が免除されず、各職員が、職務専念義務免
　　除の承認を受けなければならない。
4　**誤り**。当該職員に割り振られた勤務時間外であれば、職務専念義務の問
　　題は生じない。
5　**誤り**。県費負担職員の任命権者は都道府県教育委員会であるが、服務は
　　市町村教育委員会が監督するものとされており（地教行法第43条第1
　　項）、市町村教育委員会の承認により免除される。

正答　2

**問題18** 地方公務員法に定める営利企業への従事等の制限に関する記述として、妥当なのはどれか。

1 職員は、刑事休職中であれば、任命権者の許可を受けることなく、報酬を得て営利企業に従事することができる。

2 職員は、勤務時間外であっても、任命権者の許可を受けなければ、営利を目的とする私企業を営むことができない。

3 職員は、講演料や原稿料などの労務や労働の対価でない給付であっても、任命権者の許可を受けなければ、これを受け取ることができない。

4 職員は、勤務時間内の営利企業への従事について任命権者の許可を受けたときは、別に職務専念義務の免除または年次有給休暇の承認を受ける必要はない。

5 職員は、無報酬であっても、任命権者の許可を受けなければ、消費生活協同組合の役員を兼ねることができない。

**解説18**

1 **誤り**。営利企業への従事等の制限は、身分上の義務であるため、刑事休職中であっても許可が必要（行実昭43.7.11）。

2 **正しい**（行実昭26.12.12）。

3 **誤り**。任命権者の許可を要しない。

4 **誤り**。営利企業従事許可と職務専念義務免除等は性質が異なるため、各々別個の判断が必要。

5 **誤り**。無報酬であれば、消費生活協同組合等営利を目的としない団体の役員となることについて、許可を要しない。

**正答　2**

**問題19** 地方公務員法に定める退職管理に関する記述として妥当なのは、次のどれか。

1 任命権者は、職員に規則違反行為を行った疑いがあると思料するときは、内密に調査を行って事実関係を確認した後で、人事委員会または公平

委員会に対し、当該行為について初めて通知をすることとされている。

2　人事委員会または公平委員会は、規則違反行為の疑いがあると思料するときは、退職管理委員会の委員に対し調査を行うよう求めなければならない。

3　任命権者は、職員であった者に規則違反行為を行った疑いがあると思料するときは、遅滞なく、その旨を退職管理委員会の委員に報告しなければならない。

4　職員は、適用除外の場合を除き、再就職者から地方公務員法で禁止されている要求または依頼を受けたときは、人事委員会または公平委員会に届け出なければならない。

5　再就職した元職員のうち理事であった者が法人の役員に就こうとする場合または就いた場合には、地方公務員法の規定に基づき、再就職情報の届け出をしなければならない。

## 解説19

1　**誤り**。任命権者は、職員または職員であった者に規則違反行為を行った疑いがあると思料して規則違反行為の調査を行おうとするときは、人事委員会または公平委員会にその旨を通知しなければならない（地方公務員法第38条の4第1項）。また、調査を終了したときは、遅滞なくその結果を報告しなければならない（地方公務員法第38条の4第3項）。

2　**誤り**。人事委員会または公平委員会は職員または職員であった者に規則違反行為を行った疑いがあると思料するときは、任命権者に対し、調査を行うよう求めることができる（地方公務員法第38条の5第1項）。

3　**誤り**。任命権者は、職員または職員であった者に規則違反行為を行った疑いがあると思料するときは、その旨を人事委員会または公平委員会に報告しなければならない（地方公務員法第38条の3）。

4　**正しい**（地方公務員法第38条の2第7項）。

5　**誤り**。地方公共団体は、条例で定めるところにより、職員であった者で条例で定めるものが、条例で定める法人の役員その他の地位であって条例で定めるものに就こうとする場合または就いた場合には、離職後条例で定める期間、条例で定める事項を条例で定める者に届け出させるこ

とができる。

正答　4

**問題20**　地方公務員法に定める職員の研修に関する記述として妥当なのは、次のどれか。

1　研修は、職務に付随して行われるものであるから必ず職務命令の形式をとらなければならない。

2　研修は、任命権者が自ら主催して行うものであり、特定の教育機関に入所を命じる場合は研修に該当しない。

3　人事委員会は、研修に関する計画の立案その他研修の方法について任命権者に対し勧告することができる。

4　人事委員会は、研修の目標、研修に関する計画の指針となるべき事項、その他研修に関する基本的な方針を定めなければならない。

5　地方公務員法には、職員は全体の奉仕者としての職務能率を向上させるため、自己啓発に努めなければならないと規定されている。

**解説20**

1　**誤り**。研修を職員に参加させる場合の身分取り扱いとしては、職務命令により職務の一環として参加させる方法のほか、職務専念義務を免除する方法や休職処分に付して参加させる方法もある。

2　**誤り**。研修は任命権者が行うものであるが、任命権者が自ら主催して行う場合に限らず、他の機関に委託して行う場合や特定の教育機関への入所を命じる場合も含まれる。

3　**正しい**。

4　**誤り**。基本的な方針等を定めるのは地方公共団体である。

5　**誤り**。職員が自己啓発に努めることは当然のことであるので地方公務員法には規定されていない。なお、職員には研修を受ける機会が与えられなければならず（地方公務員法第39条第1項）、任命権者には研修を行う責務がある（地方公務員法第39条第2項）。

正答　3

**問題21**　　地方公務員法に定める勤務条件に関する措置の要求についての記述として、妥当なのはどれか。

1　措置要求は、特別職の職員は行うことができるが、臨時的任用職員及び条件付採用期間中の職員は行うことができない。

2　措置要求は、労働基本権が制限されていることに対する代償措置の一つであり、職員個人のほか職員団体も行うことができる。

3　措置要求の判定結果に基づく勧告は、法律上の拘束力を有しており、勧告を受けた機関は必要な措置をとらなければならない。

4　最高裁判所は、措置要求が違法に却下または棄却されたときは、職員の権利を侵害するものであるから、取消訴訟の対象となると判示している。

5　措置要求の対象となる事項は、給与や勤務時間その他勤務条件に関する事項全般にわたり、職員定数の増減や人事評価の評定制度も対象になる。

**解説21**

1　**誤り**。臨時的任用職員及び条件付採用期間中の職員は措置要求を行うことができる。

2　**誤り**。職員団体は行うことができない（行実昭26.10.9）。

3　**誤り**。措置要求の判定に基づく勧告には法的拘束力はないが、可能な限り尊重すべき政治的、道義的責任を負う。

4　**正しい**（最判昭和36.3.28）。

5　**誤り**。職員定数の増減（行実昭33.10.23）や人事評価の評定制度（行実昭33.5.8）は管理運営事項に該当し、対象外。

**正答　4**

**問題22**　　地方公務員法に定める不利益処分に対する審査請求に関する記述として、妥当なのはどれか。

1　不利益処分を受けた職員は、人事委員会または公平委員会に対してのみ審査請求をすることができ、この不服申し立てのできる職員には、地方公営企業の職員及び単純労務職員は含まれない。

2 審査請求は、処分があったことを知った日の翌日から起算して90日以内にしなければならず、処分があった日の翌日から起算して6カ月を経過したときは、審査請求をすることができない。

3 不利益処分に対する無効確認の訴えは、当該処分に対する審査請求を行い、それに対する審査機関の裁決を経た後でなければ、提訴することはできない。

4 任命権者は、不利益処分を行う際には、その職員に対し処分の事由を記載した説明書を交付しなければならないとされ、その説明書の交付がない場合は、処分に効力はなく、当該職員は審査請求することができない。

5 審査請求の審理は、原則として書面審理とされるが、処分を受けた職員から口頭審理の請求があったときは、審査機関は必ず口頭審理を公開して行わなければならない。


## 解説22

1 **正しい**（地方公務員法第49条の2第1項、地方公営企業法第39条第1項）。

2 **誤り**。90日、6カ月ではなく、各々、3カ月、1年（地方公務員法第49条の3）。

3 **誤り**。不利益処分の取消訴訟の場合は審査請求前置（地方公務員法第51条の2）だが、無効確認の場合は適用されない。

4 **誤り**。説明書の交付は必要だが、なくても処分は有効（行実昭39.4.15）。

5 **誤り**。人事委員会または公平委員会が審査請求を審査する方法は、原則として自由であり、書面審理若しくは口頭審理または両者を併用することができる。しかし、処分を受けた職員から口頭審理の請求があったときは、必ず口頭審理を行わなければならず、また、口頭審理について職員から公開して行うべき旨の請求があったときは、必ず公開して行わなければならない（地方公務員法第50条第1項）。

正答 1

**問題23**　地方公務員法に規定する職員団体と地方公共団体の当局との交渉に関する記述として、妥当なのはどれか。

1　職員団体と地方公共団体の当局との交渉の結果、合意に達したときは、当局は、法令、条例、規則及び規程に抵触しない限りにおいて、職員団体と書面による協定を結ばなくてはならない。

2　職員団体と地方公共団体の当局との交渉において、職員団体は、その役員以外の者を、いかなる場合であっても、交渉に当たる者として指名することはできない。

3　職員団体と地方公共団体の当局との交渉に当たっては、職員団体と当局の間において、議題、時間、場所についてあらかじめ取り決める必要があるが、交渉に当たる者の員数についてはあらかじめ取り決める必要はない。

4　職員団体と地方公共団体の当局との交渉は、人事委員会または公平委員会の登録を受けた職員団体との適法な交渉であっても、勤務時間中においては行うことはできない。

5　職員団体と地方公共団体の当局との交渉が、他の職員の職務の遂行を妨げることとなったときは、あらかじめ取り決めた時間内であっても、当局は交渉を打ち切ることができる。

**解説23**

1　**誤り**。書面による協定は義務ではない（地方公務員法第55条第9項）。

2　**誤り**。特別の事情がある場合は役員以外を指名可能である（地方公務員法第55条第6項）。

3　**誤り**。予備交渉で取り決めなければならないのは、交渉に当たる者の員数、議題、時間、場所及びその他必要な事項である。

4　**誤り**。適法な交渉は時間内に可能（地方公務員法第55条第8項）。

5　**正しい**（地方公務員法第55条第7項）。

**正答　5**

**問題24** 地方公務員法に定める罰則の適用に関する記述として、妥当なのはどれか。

1 平等取り扱いの原則に違反して差別をした者には、3年以下の懲役が科せられる。

2 職務上知り得た秘密を漏らした者には、1年以下の懲役または50万円以下の罰金が科せられる。

3 任用の根本基準の原則の規定に違反して任用した者には、1年以下の懲役または50万円以下の罰金が科せられる。

4 受験の阻害及び情報提供の禁止の規定に違反した者には、1年以下の懲役または50万円以下の罰金が科せられる。

5 50万円を超える罰金を科す罰則は規定されていない。


**解説24**

1 **誤り**。平等取り扱いの原則に違反した者には、1年以下の懲役または50万円以下の罰金が科せられる。

2 **正しい**。

3 **誤り**。任用の根本基準の原則の規定に違反した者には、3年以下の懲役または100万円以下の罰金が科せられる。

4 **誤り**。受験の阻害及び情報提供の禁止の規定に違反した者には、3年以下の懲役または100万円以下の罰金が科せられる。

5 **誤り**。100万円以下の罰金を科す規定もある。

**正答　2**


**問題25** 地方公務員法の補則に関する記述として妥当なのは、次のどれか。

1 職員のうち、公立学校の教職員、単純な労務に雇用される者その他その職務と責任の特殊性に基づいてこの法律に対する特例を必要とするものについては、別に法律で定めるが、その特例に制限はない。

2 労働組合法、労働関係調整法及び最低賃金法並びにこれらに基づく命令

の規定は、職員に関して適用しない。

3　人事委員会または公平委員会は、人事委員会規則で定めるところにより、毎年、地方公共団体の長に対し、業務の状況を報告しなければならない。

4　人事委員会は、給料表に規定する等級及び職員の職の属する職制上の段階ごとに、職員の数を、毎年、地方公共団体の長に報告しなければならない。

5　総務省は、地方公共団体の人事行政がこの法律によって確立される地方公務員制度の原則に沿って運営されるように協力し、指導することができる。

**解説25**

1　**誤り**。特例は、地方公務員法第1条の精神に反するものであってはならない（地方公務員法第57条）。

2　**正しい**（地方公務員法第58条第1項）。

3　**誤り**。人事委員会規則ではなく条例である（地方公務員法第58条の2第2項）。

4　**誤り**。人事委員会ではなく任命権者である（地方公務員法第58条の3第1項）。

5　**誤り**。指導ではなく、技術的助言である（地方公務員法第59条）。

**正答　2**

# 第6節 都政実務

　都政実務の出題数は、13問程度（都政事情と合わせて20問）であり、択一試験の中で最も大きな割合を占める科目です。この科目で確実に得点することが、合格への必須条件です。

　出題範囲は、内容の一部が地方自治制度や地方公務員制度と重複するなど広範にわたっており、学習には多くの時間と労力を必要とします。しかし、その内容はより実務に密接なものであり、日頃から都職員として理解しておくべき事柄ばかりです。

　都政実務は、出題傾向を把握して学習することで高得点を狙える科目です。過去の出題傾向をよく理解するとともに、日々の業務との関連を考えながら学習を進め、職員としての基礎能力の向上につなげてください。

## 出題傾向

　過去10年間の出題分野は表のとおりです。平成29年度に出題構成が見直されましたが、引き続き同じ分野から繰り返し出題されていることが分かります。特に「人事」「文書」「財務」は例年出題数が多い主要分野ですので、重点的に学習しましょう。

　また、「組織広報その他」の分野では、「広報・広聴」「個人情報保護制度」等に関する問題が頻出となっていることに加え、情報セキュリティに関連した問題も多く出題されています。出題傾向を踏まえて、効率よく学習を進めていきましょう。

　なお、出題構成の見直し以降、ＡⅠ類、ＡⅡ類どちらの種別も、同じ出題数で同じ内容が出題されています。対策の仕方は試験種別を問わず同じように考えてよいでしょう。

# 勉強の進め方

　都政実務の問題は『職員ハンドブック』から出題されますので、最新の職員ハンドブックを用意してください。

　よく聞く勉強方法は、職員ハンドブックを分野ごとに切り分け、マーカーを引きながら読み込むというものです。時間に余裕があれば、職員ハンドブックを熟読することは大変勉強になるかと思いますが、その一方で職員ハンドブックの情報量は非常に多いため、効率性を意識するのであれば、まずは問題を実際に解いてみることをお勧めします。試験では同じような問題が繰り返し出題されています。そのため、最初に過去問や問題集を確認し、問題のイメージや問われるポイントをつかむことが大事です。

　問題ごとに職員ハンドブックの該当部分を読み、選択肢一つひとつの正誤について、その理由を確認してください。「問題を解く」→「職員ハンドブックを確認する」という流れを繰り返すことで、理解を深めていくことができます。試験範囲を網羅した問題集を1冊準備し、この流れを2〜3回繰り返すことを目標にすると良いでしょう。初めは正答数が少なくても大丈夫です。正誤の理由をしっかりと理解し、回を重ねるごとに正答数を増やせるようにしましょう。3回目以降は間違えた問題だけ繰り返し解く方法も効率的な知識定着にお勧めです。

　問題を解く時は、正答を選ぶだけにせず、誤りの選択肢も活用して勉強することで、より深く理解ができます。一例ですが、誤りの選択肢の上から赤ペンで正しい内容を書き込み、それを赤シートで隠しながら何度も繰り返すという勉強方法は、効率的に出題ポイントを把握することが出来ます。

　なお、職員ハンドブックには、根拠となる法律、条例、規則の条文が示されていますので、『都政六法』や『地方自治小六法』、インターネット等で条文を確認すると、より理解が深まります。勉強を進める中で、法律等を確認する習慣を身に付けることができれば、普段の業務にも生かすことができるでしょう。

　さらに、出題分野の関連項目の中では、直近の実績や取り組み状況が東京都ホームページに掲載されているものもあります。これらについても、その内容を確認し、最新の情報を得るようにしましょう。

第2章 択一式 教養問題A

**123**

過去10年の出題分野

|  | 平成25年 | 26年 | 27年 | 28年 | 29年 |
|---|---|---|---|---|---|
| 都行財政 | 東京の歴史 | 行政委員会 / 都財政（都税等） | 都と特別区 | 区市町村の人口と面積 | 東京の歴史 |
| 人事 | 特別職と一般職 / 任用制度 / 勤務時間 / 職員団体 / 事案決定 | 手当 / 旅費 / 公務災害補償 / 人事考課制度 | 給与 / 研修 / 休日休暇 / 汚職防止 | 一般職と特別職 / 勤務時間 / 厚生福利制度 / 人事考課制度 | 任用制度 / 手当 / 旅費 / 研修 |
| 文書 | 文書管理規則 | 文書管理規則 / 印刷物規程・図書類規程 | 文書管理規則 / 用字・用語 | 事案決定 / 公印 | 文書の施行 / 公印 / 文書等の整理・保存 |
| 財務 | 予算 / 決算 / 一般競争入札 / 行政財産 | 予算 / 決算 / 一般競争入札 / 債権 | 決算 / 支出 / 一般競争入札 / 物品 | 公会計制度 / 予算 / 契約 / 会計の検査、監督 | 特別会計 / 収入 / 契約 / 公有財産 |
| 組織広報その他 | 個人情報保護制度 / 都のIT化 / 問題解決技法 | 広報・広聴 / 組織形態 / 問題解決技法 / 情報セキュリティ | 応対マナー / 職場内コミュニケーション / PDCAサイクル / 都庁のIT化 | 情報公開制度 / 組織原則・組織形態 / 問題解決技法 / 都庁のIT化 | 情報セキュリティ対策 / 広報・広聴活動 |

|  | 30年 | 令和元年 | 2年 | 3年 | 4年 |
|---|---|---|---|---|---|
| 都行財政 | 都と特別区 | 行政委員会 / 都財政（都税等） | 都の組織 | 特別区 | 行政委員会 |
| 人事 | 公務災害補償 / 給与 / 勤務時間 / 介護休暇 | 一般職と特別職 / 人事考課制度 / コンプライアンス | 任用制度 / 手当 / 研修 | 給与 / 勤務時間 / 職員団体 | 特別職 / 休日休暇 / 旅費 |
| 文書 | 事案決定 / 秘密文書 / 行政文書 | 公印 / 文書の管理 | 起案・供覧 / 公文書の整理・保存 / 決裁 | 事案決定 / 公告 / 行政文書 | 文書の施行 / 秘密文書 / 契約 |
| 財務 | 支出 / 決算 / 国庫支出金 | 一般競争入札 / 契約 / 物品 | 収入 / 新公会計制度 / 債権 | 予算 / 国庫支出金 | 支出 / 一般競争入札 / 物品 |
| 組織広報その他 | 都のIT基盤 / 個人情報保護制度 | 情報公開制度 / 問題解決技法 / 情報セキュリティ | 個人情報保護制度 / 問題解決技法 / 都庁のIT化 | 情報公開制度 / 組織原則 / 情報セキュリティ | 広報・広聴 / 組織形態 / 都のIT基盤 |

124

# 第6節(1) 都政実務─行財政

問題1　都の組織に関する記述として、妥当なのはどれか。

1　議会の議長及び副議長の辞職には議会の許可が必要であるが、副議長は、議会閉会中は議長の許可を得て辞職することができる。

2　知事は都を統轄し都を代表する機関であるが、公営企業局は、知事の管理下には置かれず、知事から完全に独立した権能を有している。

3　都議会議員は直接選挙によって選ばれ、定数は127人であり、議員の任期は選挙の翌日から起算して5年となっている。

4　附属機関は、知事の権限に属する事務を分掌させるため設けられたものであり、知事の附属機関として副知事やその他の職員が置かれている。

5　都の組織は、議決機関と執行機関に大別でき、このうち議決機関には、東京都議会、行政委員会及び委員が該当する。

解説1

1　**正しい。**副議長は、議会閉会中は議長の許可を得て辞職することができる。

2　**誤り。**公営企業局は知事の指揮監督下にあり、予算調製権や議案提出権は知事に留保されている。

3　**誤り。**都議会議員の任期は選挙の日から起算して4年となっている。

4　**誤り。**附属機関は審議会や審査会のことである。副知事やその他の職員は「補助機関」である。

5　**誤り。**議決機関は東京都議会、執行機関は東京都知事と行政委員会及び委員である。

正答　1

問題2　都と特別区に関する記述として、妥当なのはどれか。

1　特別区は、原則として一般の市の事務を処理することとされており、例

えば消防事務や都市計画法に基づく事務は特別区の処理する事務となっている。

2　地域保健法等に基づく保健所に関する事務、建築基準法に基づく建築主事に関する事務及び競馬法に基づく競馬を施行する事務は、法令により特別区の事務とされている。

3　都知事は、都区財政調整条例を制定する場合は、あらかじめ都区協議会の意見を聞かなければならない旨、都と各特別区が締結した協定により定められている。

4　都区財政調整制度において、都区間の財源配分を行うための財源は、都が課する市町村税である軽自動車税、市町村民税法人分及び特別土地保有税とされている。

5　特別区財政調整交付金には、普通交付金と特別交付金とがあり、普通交付金は交付金総額の93％、特別交付金は交付金総額の7％である。

**解説2**

1　**誤り**。消防事務や都市計画法に基づく事務は、法令により都に留保されている事務である。

2　**正しい**。

3　**誤り**。都区財政調整条例を制定する場合にあらかじめ都区協議会の意見を聞くことは地方自治法に定められている（地方自治法第282条の2第2項）。

4　**誤り**。財源は都が課する市町村税である固定資産税、市町村民税法人分及び特別土地保有税である。

5　**誤り**。普通交付金は交付金総額の95％、特別交付金は交付金総額の5％となっている。

正答　2

**問題3**　都の行政委員会及び委員に関する記述として、妥当なのはどれか。

1　行政委員会とは、執行機関に設けられる審議会、審査会等を言い、執行

機関の行政執行の前提として必要な調停、審査、審議、調査等を行うものであり、直接住民を対象とした執行権を有しない。

2 固定資産評価審査委員会は、地方自治法に基づき設置され、固定資産評価審査委員会の委員は、特別区の区長の同意を得て知事が任命する。

3 公安委員会は、地方自治法に基づき設置され、公安委員会の委員は、知事の同意を得て国家公安委員長が任命する。

4 選挙管理委員会は、地方自治法に基づき設置され、選挙管理委員会の委員は、都議会において選挙される。

5 教育委員会は、地方自治法に基づき設置され、教育委員会の委員は、議会の同意を得て知事が任命する。

## 解説 3

1 **誤り**。記述の内容は、「附属機関」の説明である。行政委員会及びその委員は、知事から独立して都の行政の一部を分担し、執行する権限を有する。

2 **誤り**。固定資産評価審査委員会は、地方税法に基づき設置され、その委員は都議会の同意を得て知事が選任する。

3 **誤り**。公安委員会は、警察法に基づき設置され、その委員は都議会の同意を得て知事が任命する。

4 **正しい**。

5 **誤り**。地方自治法に基づき設置されるのではなく、地方教育行政の組織及び運営に関する法律に基づき設置される。なお、その他の記述については正しい。

**正答 4**

## 問題 4 地方財政に関する記述として、妥当なのはどれか。

1 国から地方公共団体に交付されている国庫支出金は、その使途が特定されていない。

2 市町村税のうち、法定外普通税・目的税については、その新設または変更に当たっては、あらかじめ財務大臣に協議し、同意を得なければならな

い。

3 　地方債を発行することができる事業は、地方公共団体の実施する事業であれば制限がない。

4 　地方交付税の財源である国税は、所得税、法人税、酒税、消費税及びたばこ税である。

5 　地方公共団体の一般財源である地方特例交付金は、地方交付税が交付されている団体には交付されない。

### 解説 **4**

1 　**誤り**。国庫支出金は、その使途が特定されていることに特徴がある。

2 　**誤り**。あらかじめ総務大臣に協議し、同意を得なければならない。

3 　**誤り**。地方債を発行することができる事業は原則として、効果が後世の住民に及び、住民負担の年度間調整を図ることが公平と認められる事業に限られている。

4 　**正しい**。

5 　**誤り**。地方交付税の交付、不交付にかかわらず交付される。

正答　　**4**

## 第6節⑵ 都政実務─**人事**

**問題 1** 　都の任用制度に関する記述として、妥当なのはどれか。

1　地方公務員法は、職員の職に欠員が生じた場合、任命権者は採用、昇任、降任または転任により欠員を補充するものとしており、都は、昇任については、選考によらず必ず競争試験により実施している。

2　都における職員の他団体への派遣には、地方自治法に基づく派遣、研修による派遣などがあり、全国知事会等の地方6団体や一般地方独立行政法人への派遣は、地方自治法に基づき行われる。

3　条件付採用期間中の職員には、勤務条件に関する措置要求のほか、不利益処分の審査請求を行うことが認められている。

4　会計年度任用職員の任用に当たっては、原則として公募の上、選考による能力実証を経て行うこととし、最大4回まで公募による再度任用を行うことができる。

5　課長代理級職は、全ての監督職が実務に精通した知識・経験を発揮できるよう、係長級職と課長補佐級職を廃止し、新たな監督職として平成27年度より設置された。

**解説 1**

1　**誤り。** 人事委員会の定める職について人事委員会の承認があったものは、選考により行っている（『職員ハンドブック2023』211ページ）。

2　**誤り。**「公益的法人等への一般職の地方公務員の派遣等に関する法律」に基づき行われている（『職員ハンドブック2023』219ページ）。

3　**誤り。** 条件付採用期間中の職員は、不利益処分の審査請求を行うことができない（『職員ハンドブック2023』205、206ページ）。

4　**誤り。** 最大4回まで公募によらない再度任用を行うことができる（『職員ハンドブック2023』210ページ）。

5　**正しい**（『職員ハンドブック2023』212ページ）。

**正答　5**

**問題2** 都における職員の手当に関する記述として、妥当なのはどれか。

1 　初任給調整手当は、国家公務員の初任給との水準調整を図るとともに、公務に人材を広く誘致・確保するために支給される手当であり、支給期間は１年である。

2 　特殊勤務手当は、離島その他生活の著しく不便な地に所在する公署に勤務する職員に対して支給される手当である。

3 　住居手当は、40歳に達する日以後の最初の３月31日までの間に、自ら居住するための住宅の家賃を月額５万円以上支払っている職員に対して支給される手当であり、ここにいう住宅には、民間の社宅は含まれるが、都の公舎は含まれない。

4 　退職手当は、休職、停職、育児休業及び育児短時間勤務の期間がある場合、その期間全てに相当する月数を勤続期間から除いて、算定される。

5 　通勤手当は、通勤のため交通機関等を利用し、運賃等を負担することを常例とする職員及び通勤のため自転車等の交通用具を使用することを常例とする職員に対して支給されるもので、実費弁償的性格を有する手当である。

**解説2**

1 　**誤り**。初任給調整手当は、民間企業の初任給との水準調整を図るとともに、公務に人材を広く誘致・確保するために支給される手当であり、１年限りではなく、２年目以降も支給される（『職員ハンドブック2023』234、235ページ）。

2 　**誤り**。特殊勤務手当は、著しく危険・不快・不健康または困難な勤務などに支給される手当である。離島その他生活の著しく不便な地に勤務する職員には、特地勤務手当が支給される（『職員ハンドブック2023』237、238ページ）。

3 　**誤り**。「40歳」→「34歳」、「５万円」→「１万5000円」、民間の社宅は「住宅」に含まれない（『職員ハンドブック2023』236ページ）。

4 　**誤り**。病気休職・停職・大学院修学休業の期間は、その２分の１に相当する月数が除算される（育児休業の期間は、その３分の１に相当する月数が除算される）（『職員ハンドブック2023』241ページ）。

5 **正しい**(『職員ハンドブック2023』236、237ページ)。

**正答　5**

**問題3** 　都における職員団体等に関する記述として、妥当なのはどれか。

1　管理職員も地方公務員法上の職員団体を結成することができ、一般職員と一体となって同一の職員団体を組織することもできる。

2　職員団体の登録制度は、職員団体が自主的かつ民主的に組織されていることを証明する一種の公証行為であり、労働委員会がその事務を所掌する。

3　在籍専従は任命権者が3年を限度に期間を定めて許可でき、在籍専従中の給与は支給されないが、在籍専従期間は退職手当の算定期間に含まれる。

4　管理運営事項は、交渉の対象とすることはできないが、管理運営事項の処理の結果、影響を受ける勤務条件については交渉の対象となる。

5　職員団体は、適法な交渉であっても、地方公共団体の当局との交渉を、勤務時間中に行うことはできない。

**解説3**

1　**誤り**。管理職員と管理職員以外の職員とは、同一の職員団体を組織することはできない(『職員ハンドブック2023』313ページ)。

2　**誤り**。職員団体の登録制度を所掌するのは、労働委員会ではなく、人事委員会である。なお、企業職員で構成する労働組合において、使用者の利益を代表する者は労働組合に参加することはできず、その範囲は、労働委員会が認定して告示する(『職員ハンドブック2023』313ページ)。

3　**誤り**。在籍専従は任命権者が、在職期間を通じて7年を限度に期間を定めて許可できるが、在籍専従中の給与は支給されず、在籍専従期間は退職手当の算定期間に算入されない(『職員ハンドブック2023』317ページ)。

4　**正しい**(例えば、組織改廃の結果、給与や勤務時間などの勤務条件に影響が出る場合)(『職員ハンドブック2023』310ページ)。

5　**誤り**。適法な交渉であれば、地方公共団体の当局との交渉を、勤務時間中に行うことができる(『職員ハンドブック2023』316、317ページ)。

**正答　4**

都における利害関係者との接触規制に関する記述として、妥当なのはどれか。

1 職員が、異動前の職務の利害関係者から、異動後に中元や歳暮等を受領することは、全く規制されていない。

2 接触が規制されるのは、自らの職務の利害関係者に限られるので、職員が、他の職員の職務の利害関係者から金品を受領することは、全く問題ない。

3 上司が事前に承認した場合であっても、職員が利害関係者とパーティーを含む会食をすることは一切許されない。

4 職員が、職務の利害関係者と、共通の趣味であるテニスやゴルフ等を一緒に行うことも規制されている。

5 職員が、職務の利害関係者から、社会一般の接遇として容認される湯茶の提供を受けることも規制されている。

**解説 4**

1 **誤り**。職員の異動前の利害関係者は、異動の日から起算して3年間は利害関係者とみなされる（『職員ハンドブック2023』287ページ）。

2 **誤り**。影響力を及ぼし得る他の職員の利害関係者から金品を受領することも、禁止されている（『職員ハンドブック2023』287ページ）。

3 **誤り**。上司が事前に承認した場合は、会食やパーティーが認められることがある（『職員ハンドブック2023』287ページ）。

4 **正しい**（『職員ハンドブック2023』287ページ）。

5 **誤り**。社会一般の接遇として容認される湯茶の提供を受けることは規制されていない（『職員ハンドブック2023』287ページ）。

**正答 4**

**問題 5** 都の一般職員の人事考課制度に関する記述として、妥当なのはどれか。

1 業績評価制度においては、第一次評定は相対評価、最終評定は絶対評価

の方法により行うこととされている。

2　業績評価制度の被評定者は、管理職候補者を除く全ての監督職及び一般職であり、評定者及び調整者は、原則として第一次評定者は課長、調整者は部長、最終評定者は局長である。

3　自己申告制度は、職員一人ひとりが担当する職務について、所属課長から示された組織方針に沿うように、所属課長との対話を経て行動変革を行うことを目的としている。

4　自己申告制度における自己申告の内容は、管理職が業績評価を実施する際の評定材料としては位置付けられていない。

5　所属課長は、職員から提出された自己申告を基に面接を行い、十分な意見交換により職員の異動に関する意向や適性を十分に踏まえた上で、行動特性や職員の状況などの人材情報を記入する。

## 解説 5

1　**誤り**。第一次評定は絶対評価、最終評定は相対評価の方法により行うこととされている（『職員ハンドブック2023』304ページ）。

2　**誤り**。第一次評定者は課長、調整者は部長、最終評定者は人事主管部長である（『職員ハンドブック2023』303ページ）。

3　**誤り**。職員が担当職務における課題を発見し、主体的な取り組みを行うことにより、効果的・効率的な職務遂行を図るとともに、きめ細かな人材育成と職員の意欲向上を図ることを目的とする（『職員ハンドブック2023』304ページ）。

4　**誤り**。自己申告の内容は、管理職が業績評価を実施する際の評定材料として位置付けられている（『職員ハンドブック2023』306ページ）。

5　**正しい**（『職員ハンドブック2023』309ページ）。

**正答　5**

## 問題 6　都における研修に関する記述として、妥当なのはどれか。

1　職員には、地方公務員法上、研修を受講する義務が課されていることから、研修を欠席する場合、あらかじめ任命権者から職務専念義務の免除の

承認を受けなければならない。

2　都において研修を実施するに当たっては、人事委員会が研修に関する基本方針を策定し、任命権者がその方針に沿って研修に関する基本計画及び実施計画を策定することとしている。

3　研修基本方針では、都政を担うプロ職員の育成を職員研修の目標に掲げるとともに、職員研修所における中央研修等の職場外研修を最も効果的な研修であると明示している。

4　OJTとは、職場において、上司・先輩等から仕事を通して職務に必要な知識・ノウハウ等を学ぶものであり、若手職員も、後輩職員を指導したり、職場勉強会に参加する等、OJTに積極的に取り組むことが期待されている。

5　自己啓発とは、職員が自ら育つ意識をもって、勤務時間外に主体的に能力開発を行うことをいい、都では研修として位置付けられていないが、自己啓発に取り組む職員に対して情報提供などの支援を行っている。

## 解説6

1　**誤り**。地方公務員法上、職員には研修受講の機会が保障され、任命権者には研修実施の義務が課されている。職務専念義務が免除される場合の一つに研修を受ける場合が規定されている（『職員ハンドブック2023』296ページ）。

2　**誤り**。総務局長が基本方針を策定し、総務局人事部長が基本計画・実施計画を策定している（『職員ハンドブック2023』296ページ）。

3　**誤り**。研修基本方針では、このようなことは述べられていない（『職員ハンドブック2023』298ページ）。

4　**正しい**（『職員ハンドブック2023』299ページ）。

5　**誤り**。職場外研修・OJT・自己啓発を「研修の三本柱」として位置付けている（『職員ハンドブック2023』298ページ）。

正答　**4**

**問題7** 都における給与に関する記述として、妥当なのはどれか。

1 職員の職務遂行能力や職員の勤務成績などを考慮して、給与の具体的な支給額を決定することは、平等取り扱いの原則に反するとされる。

2 休職中の職員には、ノーワーク・ノーペイの原則により、休職の事由を問わず、給与を支給することはできない。

3 職員の給与は、国及び他の地方公共団体の職員と均衡を保ち、民間従業員の給与水準を考慮して決定することが望ましく、これを給与均衡の原則という。

4 給料とは、正規の勤務時間による勤務に対する報酬であり、給与の中から諸手当及び現物給与を除いたものをいい、給料の調整額は含まれない。

5 昇給とは、給料月額を同じ級の上位の号給の給料月額に変更することをいい、職員が1年間勤務したとき、勤務成績にかかわらず、実施される。

**解説7**

1 **誤り**。職務遂行能力や勤務成績によって給与を決定するのは、平等取り扱いの原則には反しない(『職員ハンドブック2023』228ページ)。

2 **誤り**。休職中は、条例で別段の定めをしない限り、給与を支給されない(病気休職は8割支給)(『職員ハンドブック2023』229、293ページ)。

3 **正しい**(『職員ハンドブック2023』230ページ)。

4 **誤り**。給料とは、給料表に定める給料月額と給料の調整額とを合わせたものをいう(『職員ハンドブック2023』231ページ)。

5 **誤り**。勤務成績が悪い場合や、欠勤等の日数が多い場合には、昇給は実施されない(『職員ハンドブック2023』233ページ)。

**正答　3**

**問題8** 地方公務員の公務災害補償制度に関する記述として、妥当なのはどれか。

1 地方公務員災害補償法では、公務上の災害について使用者である地方公共団体等に過失があった場合についてのみ補償義務が発生すると規定して

いる。

2　地方公務員災害補償法の適用を受ける職員は、全ての常勤職員及び非常
勤職員であり、全国の地方公務員について統一的に行われている。

3　公務災害の認定要件としては、職員が公務に従事し任命権者の支配下に
あること及び公務と災害との間に相当因果関係があることが認められなけ
ればならない。

4　通勤災害の認定要件は、通勤の途上で発生した災害が対象であり、その
経路を逸脱または中断した場合でも、通勤の途上であれば、その間及びそ
の後の移動中の災害も全て災害認定の対象となる。

5　公務災害の補償は、傷病補償年金を除き、当該補償を受けるべき職員ま
たはその遺族等からの請求の有無を問わず、地方公共団体側が公務災害の
認定行為をした上で補償を行うとしている。

## 解説8

1　**誤り**。使用者である地方公共団体に過失がなくても、補償義務が発生す
るとされている（『職員ハンドブック2023』276ページ）。

2　**誤り**。地方公務員災害補償法は、常勤職員のみに適用され、非常勤職員
には適用されない（『職員ハンドブック2023』276ページ）。

3　**正しい**（『職員ハンドブック2023』276ページ）。

4　**誤り**。通勤の経路を逸脱または中断した場合、その間及びその後の移動
中の災害は除かれる（『職員ハンドブック2023』276ページ）。

5　**誤り**。公務災害も通勤災害も、被災職員またはその遺族等からの請求に
基づき補償が行われる（『職員ハンドブック2023』276ページ）。

**正答　3**

## 問題9 都の職員の勤務時間等に関する記述として、妥当なのはどれか。

1　勤務時間とは、職員が任命権者の指揮監督の下に職務に専念することを
義務付けられている正規の勤務時間をいい、超過勤務時間は勤務時間に含
まれない。

2　職員の正規の勤務時間は、休憩時間を除き、1週間について38時間45

分であり、正規の勤務時間は、暦日を単位として、月曜日から金曜日まで
の5日間に、1日につき7時間45分割り振られる。

3　休憩時間は自由に利用させることが労働基準法上の原則であるから、事
業所の規律保持上必要な制限を加えることは、休憩の目的を損なわないと
しても当然認められない。

4　本来職員が勤務する義務を課せられていない日である週休日に特に勤務
を命ずる必要がある場合は、所属長の裁量で事後に週休日の変更を行うこ
とができる。

5　休日とは、特に勤務することを命ぜられる場合を除き、正規の勤務時間
においても勤務をすることを要しない日をいい、職員の休日は、国民の祝
日に関する法律に規定する休日と、12月29日から翌年1月3日までの日
の2種類がある。

## 解説9

1　**誤り**。勤務時間には正規の勤務時間・超過勤務時間・宿日直勤務時間が
含まれる（『職員ハンドブック2023』249ページ）。

2　**正しい**（『職員ハンドブック2023』249ページ）。

3　**誤り**。事業所の規律保持上必要な制限を加えるのは、休憩の目的を損な
わない限り差し支えない（『職員ハンドブック2023』252ページ）。

4　**誤り**。週休日の変更は、必ず事前に、所定の様式で行わなければならな
い（『職員ハンドブック2023』252ページ）。

5　**誤り**。国の行事が行われる日で、人事委員会の承認を得て、東京都規則
で定める日も休日である（『職員ハンドブック2023』253ページ）。

**正答　2**

## 問題10　都における休日休暇に関する記述として、妥当なのはどれか。

1　休日とは「労働基準法35条の休日に当たるもので、本来職員が勤務す
る義務を課せられていない日」「国民の祝日に関する法律に規定する休日」
「12月29日から1月3日までの日」「国の行事の行われる日で、人事委員
会の承認を得て、東京都規則で定める日」の4種類である。

2　職員に、休日に特に勤務を命ずる場合は、当該休日に代わる日（代休日）を指定しなければならない。

3　休暇の種類は、年次有給休暇、病気休暇、特別休暇及び超勤代休時間の4つである。

4　年次有給休暇は、職員の請求する時季に与えなければならない。ただし、請求された時季に休暇を与えることが職務に支障のある場合には、他の時季に与えることができる。

5　病気休暇の期間は、療養のために勤務しないことがやむを得ないと認められる最少限度の期間であるが、給与の減額を免除される期間は、1回につき引き続く30日までである。

## 解説10

1　**誤り**。「労働基準法35条の休日に当たるもので、本来職員が勤務する義務を課せられていない日」は週休日である。

2　**誤り**。代休日を指定しなければならないのではなく、指定することができる。

3　**誤り**。選択肢に記載の4つに、介護休暇を加えた5つである。

4　**正しい**。

5　**誤り**。給与の減額を免除される期間は、1回につき引き続く90日までである。

**正答　4**

## 第6節⑶ 都政実務─**文書**

**問題 1** 都における公印に関する記述として、妥当なのはどれか。

1　公印とは、公務上作成された文書に使用する印章または印影をいい、公印が押印された文書の内容の真実性を公証する役割を果たしている。
2　法律効果を伴わない単なる事実の通知、照会等の簡易な文書については公印を省略できる他、対内文書については公印を省略しなければならない。
3　公印の役割の重要性を考慮し、日時、場所及び発行先等が不確定であるが、即時交付しなければ行政上の効果が期待できないもので、公印管理者が適当と認めたものについては、公印の印影を刷り込むことができる。
4　公印の持つ重要性から、都では、東京都公印規程により、公印偽変造または不正使用の行為をした者を2年以下の懲役または20万円以下の罰金に処するとしている。
5　割印は、権利の得喪に関する文書その他特に重要な文書について、抜取りや差し替えを防止し、正しく連続していることを認証するための公印をいう。

**解説 1**

1　**正しい**（『職員ハンドブック2023』367ページ）。
2　**誤り**。対内文書については公印を省略することができる（省略しなければならないのではない）（『職員ハンドブック2023』367ページ）。
3　**誤り**。印影刷り込みではなく事前押印の説明である。即時交付しなければ行政上の効果が期待できないものについては公印の事前押印を、一定の字句及び内容のものを多数印刷して発する公文書については印影の刷り込みを、それぞれ行うことができる（『職員ハンドブック2023』368ページ）。
4　**誤り**。公印偽変造または不正使用行為の罪は、東京都公印規程ではなく、刑法で定められている（『職員ハンドブック2023』367ページ）。
5　**誤り**。これは「割印」ではなく「契印」についての説明である。割印

は、施行文書が決定済みの起案文書と照合され、発信されたことを認証するとともに、偽造を防止するための公印である（『職員ハンドブック2023』368ページ）。

**正答　1**

**問題2**　都における事案の決定に関する記述として、妥当なのはどれか。

1　知事が決定する事案について、審議は主管に係る局長及び部長が行い、審査は文書課長が専任で行う。

2　決定関与は、電子関与方式、書面関与方式によるほか、会議方式によることができる。

3　事案の決定がされると、当該事案に関する都としての意思が内部的に確定すると同時に、対外的にも意思表示が行われたものとみなされる。

4　審議とは、主管の系列に属する者が起案文書についての意見を決定権者に表明することであり、主として法令の適用関係の適正化を図ることを目的としている。

5　事案の決定は、事案の決定権者が自ら行う固有の権限であるが、出張、休暇等により不在の場合で至急の決定を要するとき、事案決定の権限を委譲した者に限って決定を行うことが認められている。

**解説2**

1　**誤り**。知事が決定する事案について、審議は関連副知事並びに主管に係る局長及び次長が行い、審査は文書課長並びに主管に係る文書主任及び文書取扱主任が行う（『職員ハンドブック2023』333ページ）。

2　**正しい**（『職員ハンドブック2023』334ページ）。

3　**誤り**。事案決定の効果は、当該事案に関する都としての意思が内部的に確定するだけであり、対外的な効果は、これが外部に表示されて初めて、意思表示としての効果を生じるものである（『職員ハンドブック2023』332ページ）。

4　**誤り**。審議とは、主管の系列に属する者が、その職位との関連において意見表明することである（『職員ハンドブック2023』333ページ）。

5 **誤り**。事案決定の権限を委譲した者による決定のほか、臨時代行による決定も認められている（『職員ハンドブック2023』332ページ）。

正答　2

問題**3**　都における秘密文書の取り扱いに関する記述として、妥当なのはどれか。
1　秘密文書の指定は、主務課長からの依頼により、文書課長が行う。
2　電子文書以外の秘密文書は、他の文書と区別し、施錠のできる金庫やロッカー等に保管しなければならない。
3　秘密文書は、たとえ一部であっても複写することはできない。
4　時限秘の秘密文書については、当該期限の到来後一カ月以内に指定解除の手続きを行わなくてはならない。
5　秘密指定を行った文書は、必ず文書総合管理システムに記録しなければならない。

解説**3**

1　**誤り**。秘密文書の指定は、主務課長が行う。
2　**正しい**。なお、秘密文書が電子文書である場合は、文書総合管理システムにおけるその秘密の保持に努めなければならない。
3　**誤り**。秘密文書は、主務課長の許可を得て、その全部または一部を複写することができる。なお、この場合、複写したものは、当該秘密文書と同一のものとみなす。
4　**誤り**。時限秘の秘密文書については、当該期限の到来により、指定が解除されたものとみなす。
5　**誤り**。電子文書についてはその通りであるが、電子文書以外の文書については、文書総合管理システムまたは特例管理帳票に記録する。

正答　2

　東京都文書管理規則に定める文書の管理に関する記述として、妥当なのはどれか。

1　保存期間が1年未満の資料文書は、当該文書を取得し、または作成した日から6カ月以上1年未満の期間に廃棄起案を行い、決定後に廃棄する。

2　文書記号は、文書を取得し、または作成した日の属する会計年度の数字と、主務課の局・部・課または所・課を表す文字からなり、局の庶務主管課長が定める。

3　訴訟に係る文書は枝番号を用いることができないが、工事、契約に係る文書については事案の発端となった公文書の枝番号を用いることができる。

4　文書管理には、集中的管理方式と分散的集中管理方式とがあり、都では集中的管理方式をとっている。

5　文書管理基準表とは、文書の分類記号、保存期間、事案決定区分、起案者名を一表にまとめたものであり、各局の文書課長が一括して作成する。

**解説 4**

1　**誤り**。保存期間1年未満の資料文書は、事務遂行上必要な期間の終了する日をもって廃棄する（『職員ハンドブック2023』372ページ）。

2　**正しい**（『職員ハンドブック2023』349ページ）。

3　**誤り**。訴訟・工事・契約等の公文書は、事案の発端となった文書の枝番号を用いることができる（『職員ハンドブック2023』349ページ）。

4　**誤り**。都では分散的集中管理方式をとっており、総務局総務部文書課が全庁的な文書事務の管理部門として、各局の文書主管課が各局の文書事務の管理を行っている（『職員ハンドブック2023』345ページ）。

5　**誤り**。文書管理基準表は、文書の分類記号、保存期間及び事案決定区分とを一表にまとめたものであり、主務課において作成する（『職員ハンドブック2023』350ページ）。

**正答　2**

**問題 5** 　東京都文書管理規則に定める公文書の整理及び保存に関する記述として、妥当なのはどれか。

1　主務課長は、公文書が当該公文書の保存期間を満了したときは、公文書館に移管する場合を除き、当該文書等を廃棄しなければならない。

2　公文書館は、保存期間満了後の措置を「廃棄」と定めた公文書の移管を求めることはできない。

3　事務担当者は、使用を終了した公文書を原則として主務課の文書取扱主任に引き継がなければならないが、特に必要がある場合、事務担当者は使用を終了した公文書を自己の手元に保管することができる。

4　知事は、所管する事案に関する公文書について、文書保存期間表を作成しなければならないが、文書の保存期間の種別は、30年、5年、3年、1年の4種類が基本である。

5　分類記号による整理の対象となる公文書は、職務上取得しまたは作成した文書であり、図面、写真、フィルム及び電磁的記録はこれに当たらない。

**解説 5**

1　**正しい**（『職員ハンドブック2023』373ページ）。

2　**誤り**。保存期間満了後の措置を「廃棄」と定めた公文書であっても、公文書館において保存する必要があると認めるものについては、公文書館から移管を求めることができ、各局は、特別な理由がある場合を除き、これに応じなければならない（『職員ハンドブック2023』373ページ）。

3　**誤り**。使用を終了した全ての公文書は、必ずファイル責任者に引き継がれなくてはならない（『職員ハンドブック2023』370ページ）。

4　**誤り**。公文書の保存期間は、30年、10年、5年、3年、1年、1年未満の6種類が基本である（『職員ハンドブック2023』371ページ）。

5　**誤り**。分類記号による整理の対象となる公文書は、職務上取得しまたは作成した文書、図面、写真、フィルム及び電磁的記録の全てである（『職員ハンドブック2023』371ページ）。

**正答　1**

**問題6** 公告に関する記述として、妥当なのはどれか。

1 広義の公告には、「公布」「告示」「公示」があり、各々その目的、効力等に違いがある。

2 公布とは、公の機関がその権限により行った行政処分または重要事項等を一般に公表する行為の形式である。

3 告示とは、条例及び規則等を一般に公表する行為の形式である。

4 東京都公報の発行及び登載手続きについては、東京都公報発行規則により定められており、東京都公報は、臨時に増刊を発行することはできない。

5 条例は、東京都公報に登載し公布することとされているが、天災事変等により東京都公報に登載し公布できないときは、都庁内の掲示場及び公衆の見やすい場所に掲示し、東京都公報に登載して公布することに代えることができる。

**解説6**

1 **誤り**。広義の公告には、「公布」「告示」「狭義の公告」がある。

2 **誤り**。公布とは、条例及び規則等を一般に公表する行為の形式である。

3 **誤り**。告示とは、公の機関がその権限により行った行政処分または重要事項等を一般に公表する行為の形式である。

4 **誤り**。総務局長が特に必要があると認めたときは、臨時に増刊を発行することができる。

5 **正しい**。

**正答　5**

**問題7** 都における文書の起案及び供覧に関する記述として、妥当なのはどれか。

1 起案は、原則として、起案者が、起案用紙に事案の内容その他所要事項を記載し、その起案者欄に署名し、または押印することにより行う。

2 起案用紙には、甲及び乙の2種類の様式があり、乙の表面には、件名等を記載する欄が設けられており、この部分により当該起案文書がどのよう

なことを決定しようとする文書なのか、決定権者は誰か、決定後何をどのような形で施行するのかなどが一目で把握できるようになっている。

3 収受文書に基づいて起案する場合で、当該事案の内容が軽易なものであるときは、起案用紙に代えて別の起案帳票を用いて行うことができ、この処理方式を簡易処理方式という。

4 決定権者の決定は、決定関与者の関与が終了したことを確認してから行うが、これは決定権者と同一の職位にある者に協議を行うときには当てはまらない。

5 収受文書や事務担当者が自ら作成した文書のうち、起案を要しないものの、関係者に周知する必要がある文書は、文書総合管理システムによる電子回付方式または書面回付方式により供覧を行うが、供覧文書の保存期間は1年または3年となっている。

## 解説7

1 **誤り**。起案は、原則として、起案者が、文書総合管理システムに事案の内容その他所要事項を入力し、起案した旨を電磁的に表示し、記録することにより行う。

2 **誤り**。表面に件名等を記載する欄が設けられているのは、起案用紙の甲である。

3 **誤り**。収受文書に基づいて起案する場合で、当該事案の内容が軽易なものであるときは、当該収受文書の余白を利用して起案を行うことができ、これを簡易処理方式という。

4 **誤り**。決定権者と同一の職位にある者に協議を行うときにも、決定権者の決定は、決定関与者の関与が終了したことを確認してから行う。

5 **正しい**。

**正答 5**

**問題 1** 普通地方公共団体の予算の内容に関する記述として、妥当なのはどれか。

1 継続費は、当初年度において、経費の総額及び年割額が定められるが、各年度の支出については、あらためて定められた年割額を各年度の歳出予算に計上しなければならない。

2 地方債は、地方公共団体の一会計年度を超える長期の借入金をいい、起債の目的、限度額、利率及び償還の方法を予算で定めなければならないが、幅広く資金調達を行う必要から、起債の方法を予算で定める必要はない。

3 一時借入金とは、普通地方公共団体が、一時、現金に不足をきたす場合に資金調達手段として銀行等から借り入れる現金をいうが、その償還は次会計年度の歳入をもって充てられる。

4 債務負担行為は、地方公共団体が将来にわたり債務を負担する行為をする場合に予算で定めておくものであり、公社等が銀行その他から融資を受ける場合に、地方公共団体が当該銀行等に行う損失補償は、債務負担行為に含まれない。

5 予算が成立したときは、財務局長は、予算が成立したことを会計管理者に通知し、会計管理者は、局長にその所管する局の事業に係る予算の内容を通知しなければならない。

**解説 1**

1 **正しい**(『職員ハンドブック2023』390ページ)。

2 **誤り**。起債の目的、限度額、起債の方法、利率、償還の方法を予算で定めなければならない(『『職員ハンドブック2023』2023』391ページ)。

3 **誤り**。一時借入金は、当該年度の歳入をもって償還しなければならない(『職員ハンドブック2023』392ページ)。

4 **誤り**。東京都が金融機関に対し、損失補償や保証契約を行う場合も、債務負担行為に当たる(『職員ハンドブック2023』391ページ)。

5 **誤り。**財務局長は、局長にその所管する局の事業に係る予算の内容を通知しなければならない（『職員ハンドブック2023』397ページ）。

**正答 1**

**問題2** 都における決算に関する記述として、妥当なのはどれか。

1 会計管理者は、毎会計年度、出納の閉鎖後3カ月以内に決算を調製して、知事に提出しなければならない。

2 知事は、決算をその認定に関する議会の議決及び監査委員の決算審査意見書と併せて、総務大臣に報告し、かつ、その要領を住民に公表しなければならない。

3 決算は、予算のうち、歳入歳出予算について調製され、歳入歳出決算書には、議会の認定の対象となる款のみを掲げることになっている。

4 決算は、議会の認定を経て確定するものであり、議会の認定が得られなかった場合、当該決算は無効となる。

5 公営企業の決算は、公営企業管理者が調製するが、管理者を置かない公営企業においては、公営企業管理者の権限は、副知事が行うことになる。

**解説2**

1 **正しい。**8月31日が期限となっている（『職員ハンドブック2023』400ページ）。

2 **誤り。**決算の要領を住民に公表しなければならないが、総務大臣に報告する必要はない（『職員ハンドブック2023』402ページ）。

3 **誤り。**歳入歳出決算書には、議会の認定の対象となる款・項を掲げることになっている。目・節は、決算の付属書類に委ねている（『職員ハンドブック2023』400ページ）。

4 **誤り。**決算について議会の認定が得られなかった場合でも、決算の効力には影響しない。その場合、知事は必要と認める措置を講じたときは、その内容を議会に報告するとともに、これを公表しなければならない（『職員ハンドブック2023』402ページ）。

5 **誤り。**管理者を置かない公営企業においては、公営企業管理者の権限

は、知事が行うことになる（『職員ハンドブック2023』402ページ）。

**正答　1**

**問題3**　公営企業会計を含む都における特別会計に関する記述として、妥当なのはどれか。

1　特別会計とは一般会計を除く全ての会計をいい、都における特別会計はいずれも条例に基づいて設置されている。

2　特別会計は臨時に設けられるものであり、特別会計を設けるときには、あらかじめ設置する期間を定めなければならない。

3　特別会計は、一般会計からの資金の繰り入れを行うことはできず、独立採算を原則としている。

4　都における特別会計のうち、中央卸売市場会計や都市再開発事業会計は、企業会計方式で経理される特別会計である。

5　特別会計とは、複数年度にわたって事業を施行する必要がある場合、あらかじめ事業の完成に必要な総経費と年割額について議会の議決を得ておくものである。

**解説3**

1　**誤り**。母子・父子・寡婦福祉法、林業・木材産業改善資金助成法などの法律に基づき設置された特別会計もある（『職員ハンドブック2023』389ページ）。

2　**誤り**。特別会計は臨時のものでなくてもよく、あらかじめ設置する期間を定める必要もない（『職員ハンドブック2023』388ページ）。

3　**誤り**。一般会計から特別会計への資金の繰り入れ・繰り出しを行うことも認められている（『職員ハンドブック2023』388ページ）。

4　**正しい**（『職員ハンドブック2023』388・389ページ）。

5　**誤り**。これは特別会計ではなく、継続費に関する説明である（『職員ハンドブック2023』390ページ）。

**正答　4**

**問題4**　都の一般会計における収入の事務に関する記述として、妥当なのはどれか。

1　納入の通知は、納入すべき金額や納期限などを記載した納入通知書を必ず発行して行うこととされており、口頭によって納入通知を行うことはできない。

2　現金に代えて証券を使用して歳入を納付する場合、納入義務者が使用できる証券の種類は、小切手に限られている。

3　公金の徴収又は収納の事務は、使用料及び手数料については私人に委託することができるが、地方税については徴収、収納とも私人に委託することはできない。

4　歳入徴収者とは、局又は所において、それぞれの所管に属する収入の事実が発生したときに、これを徴収する権限について知事から委任を受けた者をいい、当該局又は所の長をもって充てている。

5　金銭出納員は、現金を受領したときは金融機関の3営業日以内に払い込まなければならず、また、その取り扱った収納金については、収納金日報を毎日作成し、収支命令者に報告しなければならない。

**解説4**

1　**誤り**。公園や動物園等の入場料等については、口頭や掲示による納入通知をすることができる（『職員ハンドブック2023』410ページ）。

2　**誤り**。小切手等及び無記名式の国債若しくは地方債又はその利札に限られている（『職員ハンドブック2023』411ページ）。

3　**誤り**。地方税については、徴収は私人に委託できないが、収納は私人に委託できる（『職員ハンドブック2023』412ページ）。

4　**正しい**（『職員ハンドブック2023』406ページ）。

5　**誤り**。金銭出納員が現金を受領したときは、納付書を作成し、指定金融機関等に即日又は翌日に払い込まなければならず、また、収入金日報を毎日作成し、歳入徴収者に報告しなければならない。歳入徴収者は、徴収すべき歳入の金額が確定したときは直ちに調定し、収支命令者に、調定額等を財務会計システムに登録させなければならない（『職員ハンドブック

2023』410、411ページ）。

正答　4

**問題 5**　都における契約に関する記述として、妥当なのはどれか。

1　都では、予定価格が6億円以上の工事または製造の請負について、議会の議決に付すべきものとしている。

2　公営企業の業務に係る契約の締結については、公営企業の能率的な経営を確保するため、議会の議決に付する必要はない。

3　地方自治法に定める契約締結方法は、一般競争入札、指名競争入札及び随意契約の3方法に限定されている。

4　指名競争入札とは、資力、信用その他について適切と認める特定多数の者を指名し、その者に一般競争入札の手続きに準じて競争を行わせ、その中から最も有利な条件を提示する者と契約を締結する方法をいい、自治法上、契約締結方法の原則とされている。

5　地方公共団体の長は、当該地方公共団体の事務としての契約の締結権限を有するが、法定受託事務に関しては、契約締結権限を有しない。

**解説 5**

1　**誤り**。予定価格が9億円以上の工事または製造の請負について、議会の議決に付すべきものとしている。

2　**正しい。**

3　**誤り**。地方自治法第234条では、契約締結の方法として、一般競争入札、指名競争入札、随意契約及びせり売りの4方法を掲げている。

4　**誤り**。前段は正しいが、自治法上、契約締結方法の原則とされているのは、指名競争入札ではなく一般競争入札である。

5　**誤り**。地方公共団体の長は、地方公共団体を統轄し、これを代表するとともに、当該地方公共団体の事務及び法律またはこれに基づく政令により、その権限に属する国の事務を管理執行する権限を有する。したがって、長は、当該地方公共団体の事務としての契約の締結権限を持つほか、法定受託事務に関しても契約の締結権限を持つ。

正答　2

**問題6**　都における公有財産に関する記述として、妥当なのはどれか。

1　行政財産は、原則としてこれを貸し付け、交換し、売り払い、譲渡することができないが、私権の設定をすることは認められている。

2　行政財産とは、公用または公共用に供し、または供することを決定した財産をいい、公用財産の例として公園があり、公共用財産の例として庁舎がある。

3　行政財産について、知事の管理する行政財産の用途を廃止したときは、当該財産の管理権限を分掌する局の長は原則として、普通財産として当該財産を管理し続けなければならない。

4　行政財産の使用を許可した場合、許可の期間中に行政財産を公用または公共用に供する必要が生じても、知事は許可を取り消すことはできない。

5　普通財産を貸し付ける場合、国または地方公共団体その他公共団体において公用または公共用に供するときは、都は、条例により時価よりも低い貸付料で当該普通財産を貸し付けることができる。

**解説6**

1　**誤り**。行政財産は、私権の設定をすることも原則として禁止されている（『職員ハンドブック2023』446ページ）。

2　**誤り**。公用財産の例として庁舎・研究所があり、公共用財産の例として道路・公園がある（『職員ハンドブック2023』443ページ）。

3　**誤り**。局長は原則として、当該財産を普通財産として財務局長に引き継がなければならない（『職員ハンドブック2023』447ページ）。

4　**誤り**。行政財産は、その用途または目的を妨げない限度において、原則として1年以内の範囲でその使用を許可することができるが、行政財産を公用または公共用に供する必要が生じた場合、その許可を取り消すことができる（『職員ハンドブック2023』447ページ）。

5　**正しい**（『職員ハンドブック2023』448ページ）。

正答　5

**問題 7** 　国庫支出金に関する記述として、妥当なのはどれか。

1　国庫支出金は、国庫委託金、国庫負担金、国庫補助金、地方交付税及び地方譲与税の5つに分類されている。

2　国庫負担金とは、法令に基づくもののほか、地方公共団体の財源だけでは実施が困難な大規模事業等に対し、国がその経費の一部を負担する国庫支出金をいう。

3　国庫支出金は、地方公共団体間の財源の不均衡を調整するため、一般財源として国から地方公共団体に対して交付される資金のことである。

4　国庫委託金とは、国会議員の選挙や統計調査など、国の仕事を地方公共団体が代行する場合に、国がその経費の一部を負担する国庫支出金をいう。

5　国庫補助金とは、国が地方公共団体に対して行う、仕事の奨励や財政援助のための補助金のことをいうが、国の支出は義務付けられていない。

**解説 7**

1　**誤り**。国庫支出金は、国庫委託金、国庫負担金、国庫補助金の3つに分類されている（『職員ハンドブック2023』136ページ）。

2　**誤り**。国庫負担金とは、生活保護・義務教育・道路建設など国と地方公共団体相互の利害に関係のある事務の経費のうち、国が進んで負担する必要がある経費をいう（『職員ハンドブック2023』136ページ）。

3　**誤り**。地方交付税とは異なり、国庫支出金は経費の使途を特定して、一般財源ではなく特定財源として交付されるものである（『職員ハンドブック2023』136ページ）。

4　**誤り**。国庫委託金とは、国会議員の選挙や統計調査など、国の仕事を地方公共団体が代行する場合に、国がその経費の全額を負担する国庫支出金をいう（『職員ハンドブック2023』136ページ）。

5　**正しい**（『職員ハンドブック2023』136ページ）。

**正答　5**

**問題8** 都の新公会計制度に関する記述として、妥当なのはどれか。

1 都の財務諸表のうち、貸借対照表では、年度末時点での資金の運用形態としての「資産」の状態、資産形成のための資金調達である「負債」の状態、「資産」と「負債」の差額を「純資産」として金額で表示している。

2 行政コスト計算書では、1年度間における行政活動に伴う全ての費用と当該活動から得られた収益を金額により表示するが、費用には現行の官庁会計の下で支出された現金による費用のみ計上する。

3 キャッシュ・フロー計算書では、1年度間における現金収支の状況を「行政サービス活動」と「財務活動」の2つに区分して表示する。

4 各局長（公営企業管理者を除く）は、会計別の財務諸表を「東京都会計基準」の定めにより作成して会計管理者に提出し、会計管理者は各会計別の財務諸表を作成し知事に提出する。

5 都の作成した財務諸表は、別途作成する「東京都年次財務報告書」とともに地方自治法上、議会による決算の認定対象となっている。

**解説8**

1 **誤り**。年度末時点での資金の運用形態としての「資産」の状態と、資産形成のための資金調達である「負債」の状態、その結果としての「正味財産」を金額で表示している（『職員ハンドブック2023』420ページ）。

2 **誤り**。資産の保有・売却・除却や引当金の繰入れなどに伴う非現金のコストも計上している（『職員ハンドブック2023』420ページ）。

3 **誤り**。「行政サービス活動」「社会資本整備等投資活動」「財務活動」の3つに区分して表示する（『職員ハンドブック2023』420ページ）。

4 **正しい**（『職員ハンドブック2023』422ページ）。

5 **誤り**。これらの財務諸表は、地方自治法上、議会による決算の認定対象とはならないが、決算参考書として知事が議会に提出している（『職員ハンドブック2023』422ページ）。

**正答 4**

都における会計の検査、監督に関する記述として、妥当なのはどれか。

1 会計の監督権は、普通地方公共団体の長が有しており、また、会計事務の指導統括に関する事務は局長が行うことになっている。

2 局長は、当該局及び所管に属する所の特別出納員等の取り扱いに係る現金及びその他の会計事務について、四半期に1回以上所属職員のうちから検査員を命じて検査をさせなければならない。

3 自己検査において、局長は、検査員から検査結果について報告を受けたときは、意見を付して直ちに知事に通知しなければならない。

4 金銭出納員は、現金及び有価証券の出納保管に関する事務について、所属の現金取扱員を監督しなければならない。

5 局長は、現金等の亡失または損傷の報告を受け、その事実を知ったときは、その経過に意見を付して、財務局長に報告しなければならない。

解説9

1 **誤り**。会計事務の指導統括に関する事務は、会計管理者が行うことになっている。

2 **誤り**。毎年度1回以上所属職員のうちから検査員を命じて検査をさせなければならない。

3 **誤り**。局長は、検査員から検査結果について報告を受けたときは、意見を付して直ちに会計管理者に通知しなければならない。

4 **正しい**。

5 **誤り**。局長は、事故の報告等により亡失損傷の事実を知ったときは、その経過に意見を付して、会計管理者を経由の上、知事に報告しなければならない。

正答　4

問題10 都における債権に関する記述として、妥当なのはどれか。

1 普通地方公共団体の有する公法的収入に係る債権は、時効に関し他の法

律に定めのある場合を除き、債権不行使の状態が5年間継続するときは、時効により消滅する。

2　分担金、使用料などを納期限までに納付しない者がある場合、知事が期限を指定して納入義務者に督促することは必要とせず、都の条例に基づき直ちに裁判上の手続きを経て、納入義務者の財産を差し押さえなければならない。

3　都では、東京都債権管理条例において、公債権は、都の有する債権のうち、地方税法に規定する都税に係る債権以外のものと規定している。

4　都に対する金銭債権を時効により消滅させるためには、当該債権が私債権、公債権を問わず、時効の援用を必要とする。

5　局長は、私債権の放棄をする場合は、あらかじめ議会の議決が必要であり、また、私債権を放棄したときは、財務局長及び主税局長に事後報告を行わなければならない。

## 解説10

1　**正しい。**なお、法令の規定により地方公共団体が行う納入の通知及び督促は、時効更新の効力を有する（『職員ハンドブック2023』457、458ページ）。

2　**誤り。**期限を指定して督促した上でなければ、差し押さえ等の滞納処分を行うことはできない（『職員ハンドブック2023』455ページ）。

3　**誤り。**公債権は、歳入に係る債権及び地方税に係る債権と、債権管理条例で規定されている（『職員ハンドブック2023』455ページ）。

4　**誤り。**公法上の金銭債権は時効の援用を要しないが、私法上の金銭債権は時効の援用を要する（『職員ハンドブック2023』458ページ）。

5　**誤り。**私債権の放棄をする場合は、議会の議決は不要であるが、局長はあらかじめ、財務局長及び主税局長に協議しなければならない（『職員ハンドブック2023』458ページ）。

**正答　1**

## 問題 1

都における情報公開制度に関する記述として、妥当なのはどれか。

1 公文書開示請求に対する決定について審査請求があった場合、当該審査請求が不適法であり却下する場合を除いては、東京都情報公開審査会に諮問して、当該審査請求についての裁決を行うものとされている。

2 都の長期計画等の重要な基本計画、主要事業の進行状況などの公表については、東京都情報公開条例には規定されていないが、各実施機関の定める要綱により、開示請求を待つことなく、公表に努めることとされている。

3 実施機関は、開示決定等をしたときは、開示請求者に対して、その旨等を書面若しくは口頭により通知しなければならない。

4 公文書の開示の方法は、公文書の形態に応じて、閲覧若しくは視聴又は写しの交付により行うが、開示請求者が持参したカメラによる撮影は認めていない。

5 開示請求に対し、当該開示請求に係る公文書が存在しているか否かを答えるだけで、非開示情報を開示することとなるときは、実施機関は、当該公文書の存否を明らかにしないで、当該開示請求を拒否することができる。

## 解説 1

1 **誤り**。開示決定を取消し又は変更する場合、全部を開示する場合も除かれている（『職員ハンドブック2023』490ページ）。

2 **誤り**。都の重要な基本計画、主要事業の進行状況も、情報公開条例で公表が義務付けられている（『職員ハンドブック2023』491ページ）。

3 **誤り**。開示決定等をしたときは、開示請求者に対して、書面により通知しなければならない（『職員ハンドブック2023』493ページ）。

4 **誤り**。開示請求者から申出があったときは、開示請求者が持参したカメラやスキャナーなどによる撮影も認めている（『職員ハンドブック2023』494ページ）。

5 **正しい**（『職員ハンドブック2023』490ページ）。

**正答 5**

**問題2** 都のデジタル化に関する記述として、妥当なのはどれか。

1 TAIMS端末は、ネットワーク機能を活用した電子メールや予定表の利
用は可能だが、財務会計システム等の業務系システムの利用はできない。
2 各局各事業における活用ニーズの高いデジタルツールについては、各局
共通デジタルツールの整備開始を目指している。
3 「SHIN-QA（シンカ）」では、デジタル環境や働き方に関することな
ど、「都政の構造改革」に関する改善提案を職員から募集している。
4 都におけるデジタル人材は、ICT職や高度専門人材など専門性の高い人
材に限定される。
5 「東京都デジタル人材確保・育成基本方針」において、デジタル力のレ
ベルに応じた育成策を体系的に整備し、育成分野を「IT」「データ」「デ
ザイン」の3領域に整理した上で展開していくこととしている。

**解説2**

1 **誤り**。財務会計システム、e-人事システム、庶務事務システム、文書総
合管理システムなどの利用ができる（『職員ハンドブック2023』510ペー
ジ）。
2 **誤り**。令和4年度までに、ダッシュボードやチャットボット、AI議事
録作成支援ツールが既に導入されており、利用拡大を図っている（『職員
ハンドブック2023』511ページ）。
3 **誤り**。デジタル提案箱の説明である。「SHIN-QA（シンカ）」は、職員
が疑問や質問を投稿し、わかる職員がそれに答えることで、課題を解決し
合うQ&Aフォーラムである（『職員ハンドブック2023』512ページ）。
4 **誤り**。質の高い行政サービスを実現していくため、デジタルの専門職で
はない事務職等の職員も含めた職員一人ひとりが、都における「デジタル
人材」として、都政のDXを推進していく必要がある（『職員ハンドブッ
ク2023』517ページ）。

5 **正しい**（『職員ハンドブック2023』517ページ）。

正答　5

> **問題 3**　都における情報セキュリティ対策に関する記述として、妥当な
のはどれか。
1 東京都サイバーセキュリティポリシーとは、東京都サイバーセキュリテ
　ィ基本方針と東京都サイバーセキュリティ対策基準を総称したものである。
2 情報資産とは、行政事務及び公共インフラ事業で取り扱う電磁的な情報
　のうち、秘密文書に相当する、高い機密性を要する電子情報ファイルとし
　て定義される。
3 東京都サイバーセキュリティ対策基準では、各部・所において、情報資
　産を「重要性」「緊急性」「機密性」の視点から分類し、その分類に応じ適
　切に情報管理を行わなければならないと定めている。
4 平成28年度に、都におけるサイバーセキュリティ全般を統括する東京
　都CSIRTが設置され（Computer Security Incident Response Team）、従
　来の局CRISTは廃止された。
5 東京都サイバーセキュリティポリシーは、都の常勤職員を対象としたも
　のであり、非常勤職員及び臨時職員、都の業務を受託する事業者には適用
　されない。

> **解説 3**

1 **正しい**（『職員ハンドブック2023』514ページ）。
2 **誤り**。情報資産とは、情報システム等、個人情報ほか情報システム等で
　取り扱うデータ、情報システム等に関するシステム設計書、ネットワーク
　図等のシステム関連文書からなる（『職員ハンドブック2023』514ページ）。
3 **誤り**。情報資産を「機密性」「完全性」「可用性」の視点から分類してい
　る（『職員ハンドブック2023』515ページ）。
4 **誤り**。従来の局CRISTは、平成28年度以降も引き続き設置・運用され
　ている（『職員ハンドブック2023』515ページ）。
5 **誤り**。常勤職員だけでなく非常勤職員・臨時職員・受託事業者にも適用

される（『職員ハンドブック2023』514ページ）。

**正答　1**

> **問題4**　問題解決技法に関する記述として、妥当なのはどれか。

1　ガント・チャートは、各作業の日程計画を記入した図表であり、作業担当者にとってスケジュールの把握がしやすいが、計画と作業実績との比較ができないという欠点がある。
2　チェックリスト法は、5～10名程度のメンバーにより一つのテーマについてアイデアを自由に出し合い、その連鎖反応を促進することにより、多種多様なアイデアを求めるものである。
3　特性要因図は、取り上げている問題点に影響を与えている原因を系統的に洗い出し、その原因と問題の結果との関係を表した図であり、原因相互間の関係や原因と結果との関係を一目で捉えることができるのが特徴である。
4　SWOT分析は、アローダイヤグラムとよばれる図を用いて計画を立案し、それを実施・制する日程計画と進行管理を行うのに役立つ技法である。
5　ロジック・ツリーは、主要課題の原因や解決策などをKJ法で捉え、ツリー状に分解・整理する方法であり、解決策を具体化するときに役立つ方法である。

> **解説4**

1　**誤り**。各作業の日程計画と実績を記入した図表であり、計画と作業実績との差が明確になる（『職員ハンドブック2023』549ページ）。
2　**誤り**。これはブレイン・ストーミングの説明である。（『職員ハンドブック2023』543、550ページ）
3　**正しい**（『職員ハンドブック2023』544ページ）。
4　**誤り**。アローダイヤグラムとよばれる図を用いて計画を立案するのは、PERTである（『職員ハンドブック2023』547、548ページ）。
5　**誤り**。主要課題の原因や解決策などをMECEで捉え、ツリー状に論理的に分解・整理する方法で、限られた時間の中で広がりと深さを追求する

のに役立つ技法である（『職員ハンドブック2023』547ページ）。

**正答　3**

**問題5**　組織形態に関する記述として、妥当なのはどれか。

1　ライン組織では、上司と部下の間だけで命令、報告が行われ、規律を保ちやすいことから、地方公共団体の組織では、ライン組織が最も多くみられる。

2　プロジェクト・チームとは、特定の課題について短期間で解決を図るために、特別に編成された集団（組織）であり、タスクフォースが長期間にわたる大きなテーマを扱う場合が多いのに対して、プロジェクト・チームは、緊急性の高い問題の処理に当たるケースが多い。

3　マトリックス組織とは、縦割りの職能別組織と横割りの目的別（事業部門別）組織の2つの基軸で編成される経営組織をいい、その長所として、対立が起きたときでも調整がしやすいことが挙げられる。

4　ファンクショナル組織は、権限が職能により分化されて行使される組織構造をいい、その短所として、専門職間の対立が起きやすく、その対立解消のためにトップの負担が大きくなることが挙げられる。

5　官僚制組織では、職務の上下の階層、上位者の下位者に対する支配・管理関係が明確に定められているため、状況の変化や緊急を要する事態に対しても、部下職員が迅速かつ主体的に対応しやすいことが長所として挙げられる。

**解説5**

1　**誤り。**ライン組織に関する説明は正しいが、地方公共団体の組織では、ライン組織よりも、ライン・アンド・スタッフ組織が多い。

2　**誤り。**プロジェクト・チームとタスクフォースに関する記述が逆である。プロジェクト・チームが長期間にわたる大きなテーマを扱う場合が多いのに対して、タスクフォースは、緊急性の高い問題の処理に当たるケースが多い。

3　**誤り。**マトリックス組織では、多元的で複合的な命令系統が採用される

ため、２方面の上司から命令を受けること、対立が起きたときに調整が難しいこと、情報の流れが複雑になることなどが短所として挙げられる。

4　**正しい。**

5　**誤り。**官僚制組織においては、上下の命令、服従の階層関係が部下を萎縮させ、状況の変化や例外的な事態、緊急を要する事態に対して、部下は上司の指示を仰いでから対応するため、対応に着手するまでの時間がかかるとされている。

正答　4

# 第7節 都政事情

　教養問題（択一式）は、平成29年度から出題構成が見直しになり、「都政事情」は7問程度と、問題数が増加しています。「都政事情」は他の科目と異なり市販されている参考書がないため、学習しにくく感じるかもしれませんが、知っていれば得点が見込める知識問題です。出題範囲は広範にわたることから限られた時間の中で的を絞り、効率的に準備を進めてください。

## 出題傾向

　出題分野は「計画・方針等」「調査等」「その他」に分類することができます。出題期間は、おおむね前年10月から当該年の4月までとなっており、その中でも、例年3月に公表される「計画・方針等」に関する出題が多数を占めています。

　なお、管理職選考で出題された内容が主任試験でも出題されることがあります。特に「未来の東京」戦略など、都の基本計画に位置付けられるような各局の重要施策については、よく確認しておく必要があるでしょう。

## 勉強方法

　択一試験全般に言えることですが、5肢の中から適切な選択肢を選ぶためには、出題事項に関する正確な知識が要求されます。記憶があいまいだと、残り2つまで絞れても、そこから正解にたどりつけず悔しい思いをすることになります。一方で、試験対策としてできることには限界があるため、的を絞った効率の良い学習が不可欠になってきます。

　そこで、学習の進め方は、(1)情報収集、(2)内容の記憶、(3)問題演習による記憶の定着—という流れが基本となります。

　まず、(1)情報収集です。『東京都ホームページ』の「これまでの報道発表」や『とちょうダイアリー』などから、都政において重要と思われる計画

等をピックアップします。ピックアップすべき事項については、「出題傾向」を参考にしてください。なお、「これまでの報道発表」は、月別に、出題分野と対応する形で、「計画・財政」（＝「計画・方針等」）、「調査結果」（＝「調査等」）と分類されているので、情報収集しやすいと思います。

次に、(2)内容の記憶です。ある程度、出題予想を立てた後、各事項について重要なポイントを記憶していきます。概要版や報道発表資料などは、各事項のポイントがよくまとまっているので、まずはこうした資料を確認することから始めるとよいでしょう。記憶する際には、キーワードを中心に大まかな内容をつかんだうえで、細部の数字などを押さえていくようにしましょう。数字は、「計画・方針」であれば計画年数や目標値、挙げられている施策数など、「調査」であれば順位や何割の人がどう回答したかなどが出題されやすいポイントです。ただし、これらの事項は、資料をただ漠然と読み込むだけではなかなか記憶できません。そこで、テーマごとに、キーワードや数字などの要点をまとめていく方法が有効だと考えられます。通勤時間や空き時間を活用してこまめに確認することで、記憶が定着していくでしょう。

最後に、(3)問題演習です。できる限り多くの問題を解いていきましょう。また、「(2)内容の記憶」の前に問題演習から始めるというのも効果的な方法です。問題を先に解いてみることで、出題傾向を肌で感じることができ、暗記すべきポイントをより絞りやすくなるでしょう。問題を解いた後は、必ず全ての選択肢について解説をチェックしましょう。解説だけで十分に理解できない場合は出典元の資料も確認し、関連事項も覚えておくと効果的に学習を進められます。

なお、前述した通り、都政事情の出題期間は、おおむね前年10月から当該年の4月までに公表された事項となっておりますが、そのほとんどが3月に公表された「計画・方針等」からの出題です。そのため、10月に公表された事項から順に学習するのではなく、まずは3月に公表された事項を優先的に学習し、時間に余裕があれば、その他の期間についても学習範囲を広げるといった学習方法をお勧めします。

令和４年９月に環境局が発表した「東京都環境基本計画」に関する記述として、妥当なのはどれか。

1 サステナブル・リカバリー（持続可能な回復）により、豊かで持続可能な都市を創り上げるために従来の環境基本計画を改定したものであり、東京都環境基本条例や地球温暖化対策の推進に関する法律に基づく法定計画としての性格を併せ持つものである。

2 2050年ゼロエミッション東京の実現に向けて、2030年までの行動が極めて重要との認識の下、具体的な目標と施策のあり方を示し、環境政策と経済成長を両立させた「世界一の環境先進都市・東京」の実現を目指していくとしている。

3 「エネルギーの脱炭素化と持続可能な資源利用」、「自然と共生する豊かな社会の実現」、「良質な都市環境の実現」から成る３つの戦略により、都民や事業者など様々な主体と力を合わせながら、各分野の環境問題を包括的に解決していくとしている。

4 「エネルギーの脱炭素化と持続可能な資源利用」では、2030年カーボンハーフの達成に向け、新たな部門別目標の設定や施策目標の強化を行い、８つのエネルギー分野において施策を加速させていくとしている。

5 「自然と共生する豊かな社会の実現」では、４つの生態系サービスごとのあるべき姿を示し、生物多様性を回復軌道に乗せるネイチャーポジティブの2030年までの実現に向け、４つの基本戦略を展開するとしている。

## 解説 1

1 **正しい。**

2 **誤り。**「世界一の環境先進都市・東京」は従来の環境基本計画の目標である。今回は、「成長」と「成熟」が両立した、持続可能で、安全・安心、快適な未来を拓くグリーンでレジリエントな世界都市・東京を目指している。

3 **誤り。**３つの戦略に加え、「危機を契機とした脱炭素化とエネルギー安全保障の一体的実現」を戦略０とする「３＋１の戦略」を掲げている。

4 **誤り。**８つの分野は正しいが、エネルギー４分野に加え、「資源利用・

フロン・気候変動適応策・率先行動」の4分野において施策を強化してい
くとしている。

5　**誤り**。4つの生態系サービスごとの東京のあるべき姿を示し、2030年
に向けた3つの基本戦略を進めるとしている。

**正答　1**

**問題2**　　令和4年12月に政策企画局が発表した「TOKYO強靭化プロ
ジェクト」に関する記述として、誤っているものはどれか。

1　本プロジェクトで記載されている5つの危機とは、「風水害」「地震」
「電力・通信等の途絶」「感染症」及び「複合災害」である。

2　IPCCが発表した温室ガス等排出に係る将来の気温上昇シミュレーショ
ンのうち、パリ協定を踏まえたシナリオでは、2050年頃までに1.5〜2℃
程度上昇と予想されており、本プロジェクトではより安全な備えをする観
点から、平均気温が2℃上昇するケースを想定している。

3　地震への備えに係る目指すべき到達点の指標として、特定緊急輸送道路
の総合到達率100%、木密地域での整備地域等で不燃領域率70%以上達
成、耐震性（2000年基準）を満たす住宅割合100%などが掲げられている。

4　災害時の電力・通信・データ不安を解消するための取組として、「地産
地消型再エネ増強プロジェクト」「衛星通信の活用」「業務システムやサー
バのクラウド化推進」などがリーディング事業とされている。

5　被害を激甚化・長期化させうる複合災害の具体例として、「大規模地震
→大型台風」と「感染症＋風水害・地震」の2つが挙げられ、それぞれの
取組例が記載されている。

**解説2**

1　**誤り**。5つの危機とは、複合災害の代わりに「火山噴火」を加えた5
つ。複合災害は5つの危機のうち複数が起こった場合の危機として記載さ
れている。

2　**正しい**。なお、2℃上昇シナリオにおいて、平均海面水位は2100年に
0.29mから0.59m上昇することが予測されている。

3　**正しい。**このほか、立川や臨海地域における緊急物資や広域医療輸送ルートを複数確保、島しょにおいて各島１岸壁で緊急輸送用岸壁確保などが掲げられている。

4　**正しい。**このほか、「水素社会実現プロジェクト」がリーディング事業である。

5　**正しい。**なお、複合災害による被害増大の要素としては、「大地震により（高潮等を防御する）防潮堤等が損傷し、浸水リスクが増加」「感染症の蔓延により、（風水害・地震発生時における）避難所等での感染リスクの増加」などが挙げられている。

**正答　1**

▌問題**3**　　令和４年12月に生活文化スポーツ局が発表した「東京都消費生活基本計画」に関する記述として、妥当なのはどれか。

1　本計画は、東京都消費生活条例第43条に基づく基本計画であり、これとは別に消費者教育推進法第10条に基づく都道府県消費者教育推進計画を策定している。

2　本計画は、令和５年度から令和７年度までの３年間の計画期間である。

3　本計画を推進していくに当たり、計画全体を貫く視点として、主体的な消費行動への変革の促進及び多様な主体との連携・協働による取組の強化の２つの視点が掲げられている。

4　本計画は、東京都の消費生活に関連する施策・事業を、計画的、総合的に推進していくための基本指針である。

5　都における消費生活をめぐる現状を踏まえ、計画を体系的に推進していくため、３つの政策の柱と施策の方向性を設定している。

▌解説**3**

1　**誤り。**東京都消費生活条例第43条に基づく基本計画及び消費者教育推進法第10条に基づく都道府県消費者教育推進計画を一体的に策定している。

2　**誤り。**令和５年度から令和９年度までの５か年計画である。

3 **誤り。**デジタル社会及びグローバル社会への対応を含めた3つの視点が掲げられている。

4 **正しい。**

5 **誤り。**5つの政策の柱を設定している。

正答 **4**

**問題 4** 令和5年1月に都が公表した「シン・トセイ3 都政の構造改革QOSアップグレード戦略 version up 2023」に関する記述として、妥当なのはどれか。

1 都政のQOSを飛躍的に向上させるため、2030年度を目途に「デジタルガバメント・都庁」の基盤を構築することとしている。

2 2020～22年度までに短期集中で取り組むコア・プロジェクトと各局リーディング・プロジェクトを実践してきたが、2022年度の職員のデジタル環境満足度の調査では、「満足」が「不満足」を下回る状況である。

3 「政策イノベーションを起こす都庁」へ進化していくため、職層や所属を越えて「オープン＆フラット」の視点で更なる改革を進めていくこととしている。

4 次なる改革に向けて、7つのコア・プロジェクトと各局リーディング・プロジェクトについては、これまでと同様に継続して実施していくこととしている。

5 新たなプラットフォームとしてGovTech東京（ガブテック東京）を設立し、東京全体のDX推進を担う政策企画機能を持たせることとしている。

**解説 4**

1 **誤り。**2025年度を目途に構築することとしている。

2 **誤り。**2022年度の調査で職員の「満足」が「不満足」を初めて上回った。

3 **正しい。**

4 **誤り。**6つのシン・コアプロジェクトに進化・再編し、新たに11の各局リーディング・プロジェクトを追加した。

**167**

5 **誤り**。東京全体のDX推進を担う政策企画機能は、デジタルサービス局が持つ。

**正答　3**

**問題5**　令和5年1月に産業労働局が発表した「東京都MICE誘致戦略2023」に関する記述として、妥当なのはどれか。

1　MICE誘致について、コロナ禍を契機に、対面とオンラインを併用したハイブリッドでの開催が普及したことにより、「都市のプレゼンス向上」よりも「産業力強化」や「経済波及効果」の意義がより重要視されている。
2　取組期間は、観光需要がコロナ以前の水準まで回復すると予測される2027年度までの5年間とし、その時点において改めて見直しを行うものとしている。
3　本戦略では、2030年に国際会議の件数を世界5位以内とすることを目標として掲げている。
4　東京の持つ強みとして、「環境配慮への取組」「都内でのMICEに対する関心度」等を挙げている。
5　目標達成に向けて、「グローバル対応の集中的な強化による誘致推進」や「多様なポテンシャルを活かしたMICE開催効果の最大化」など5つの戦略を定めている。

**解説5**

1　**誤り**。「産業力の強化」と「都市のプレゼンス向上」の意義がより重要視されている。
2　**誤り**。2030年の中間年となる2026年までの4年間である。
3　**誤り**。世界3位以内である。
4　**誤り**。産業の集積や都市インフラの充実、豊富な観光資源等が強みである。
5　**正しい**。

**正答　5**

**問題6** 令和5年1月に都が策定した「こども未来アクション」に関する記述として、妥当なのはどれか。

1 策定に当たっては、2つの手法（子供の居場所におけるヒアリング、SNSを活用したアンケート）を用いて、4歳から18歳までの2,500人を超える子供に意見・提案を聞いた。

2 SNSを活用したアンケートの結果、学び・遊び・日常生活に関する現状の満足度は全体として高い傾向にあり、満足している理由としては「家族との良好な関係」が最も多かった。

3 「子育ち」支援とは、保育サービスの充実など、保護者を通じたこどもへの支援のことを指す。

4 ヤングケアラーを支える今後の取組として、関係機関との連携等において核となるヤングケアラー・コーディネーターの配置を、都が直接、実施することとした。

5 組織横断的な7つの推進チームに加えて、新たな課題に対し機動的に対応するため、学齢期の子育ちに関するチームを組成することとしている。

**解説6**

1 **誤り**。策定に当たり、3つの手法（子供の居場所におけるヒアリング、SNSを活用したアンケート、出前授業）を用いた。

2 **誤り**。満足している理由としては、「良好な交友関係」が24.3％で最も回答割合が高かった。

3 **誤り**。保護者を通じたこどもへの支援は「子育て」支援。「子育ち」支援は、こどもの育ちへの直接的な支援のことを指す。

4 **誤り**。ヤングケアラー・コーディネーターの配置について、都は区市町村を支援する。

5 **正しい**。

**正答　5**

**問題 7** 　令和5年3月に教育庁が発表した「学校部活動及び地域クラブ活動に関する総合的なガイドライン」及び「学校部活動の地域連携・地域移行に関する推進計画」に関する記述として、妥当なのはどれか。

1　ガイドラインでは、地域や学校の実態に応じ、都内公立中学校等の約8割で、地域連携・移行に向けた取組を実施することを目標としている。

2　計画では、休日等の指導者の確保として、専門性を有する学生の指導者の確保に向けた大学への働きかけなどを行うこととしている。

3　ガイドラインでは、大会等への参加の引率について、生徒の安全確保等のため、できるだけ教員が引率する体制を整備することとしている。

4　計画は、令和5年度から令和9年度までの改革推進期間における取組の展望を明らかにし、都内公立中学校等の部活動の地域連携・移行を推進することを目的としている。

5　都内公立中学校で、専門的な技術指導ができる顧問は、運動部・文化部ともに約30%となっている。


**解説 7**

1　**誤り。** 都内全ての公立中学校等での実施を目標としている。

2　**正しい。**

3　**誤り。** 生徒の安全確保等に留意しつつ、できるだけ教員が引率しない体制を整備することとしている。

4　**誤り。** 改革推進期間は、令和5年度から令和7年度までの3年間である。

5　**誤り。** 都内公立中学校で、専門的な技術指導ができる顧問は、運動部・文化部ともに約55%である。

**正答　2**


**問題 8** 　令和5年3月に港湾局が発表した「東京港カーボンニュートラルポート形成計画」に関する記述として、誤っているものはどれか。

1　東京港の年間外貿コンテナ貨物量は400万TEUを超えて全国1位であり、また、輸入：輸出の比率が約3:1と、輸出港ではなく輸入港の性格を

有している。

2　本計画ではロードマップを短期・中期・長期の３つに区切り、それぞれ
2025年頃、2030年頃、2050年頃までとして各取組を記載している。ま
た、カーボンハーフ達成を中期まで、カーボンニュートラル達成を長期ま
での目標として掲げている。

3　本計画は、ふ頭の活動や船舶・車両などの物流活動だけでなく、ふ頭背
後地に立地し、東京港を利用して営業する倉庫や工場などの民間事業者の
事業活動もその対象範囲に含んでいる。

4　カーボンニュートラルポート形成に向けた取組として、再エネ電力の導
入、荷役機械の遠隔操作化や電動化・FC化、停泊中船舶への陸上電力供
給、水素燃料の供給体制構築などが掲げられている。

5　CO$_2$吸収源として注目されているブルーカーボンとは、藻などの海洋生
態系の機能に着目したもので、陸のブラウンカーボンと併せて吸収源とし
て提示されている。

## 解説 8

1　**正しい**。R3の外貿コンテナ貨物量は433万TEUである。また、背後に
大消費地を抱える東京港は、首都圏の都市活動や生活に必要な物資を受け
入れる輸入港としての性格が強い。

2　**正しい**。ロードマップは短・中・長期の３つ、目標は中・長期の２つに
分かれている。なお、再エネ電力利用割合については、2026年30%程
度、2030年50%程度という目標が別途掲げられている。

3　**正しい**。このため、計画策定にあたって開催した検討会では、様々な民
間事業者が構成員となっている。

4　**正しい**。このほか、電動船の先行導入、藻場の生育実証などが記載され
ている。

5　**誤り**。陸の吸収源はグリーンカーボン。なお、ブルーカーボンの概念は
2009年UNEP報告書で提示されたものである。

**正答　5**

**問題9** 令和5年3月に産業労働局が発表した「東京農業振興プラン」の改定に関する記述として、妥当なのはどれか。

1　前プランの策定から5年が経過し、将来を見据えた実効性のある農地保全や農業経営への支援が必要となっていることから、令和5年度から令和9年度までの5年間を計画期間として策定した。

2　東京都の総農家数は、この30年で27%減少している。

3　本プランでは、7本の柱を定め、都が目指す農業振興の方向性と今後の施策展開を示した。

4　担い手の確保・育成の取組として、法人の農業参入支援や雇用就農の促進などを行うこととしている。

5　農地の保全・活用の取組として、短期の使用貸借を促進し、限られた農地を有効に活用していくこととしている。

**解説9**

1　**誤り。**計画期間は、令和5年度から令和14年度までである。

2　**誤り。**東京都の総農家数は、この30年でほぼ半減、10年間で27%減少している。

3　**誤り。**5本の柱を展開していくこととしている。

4　**正しい。**

5　**誤り。**安定的な農業経営を実現するため、長期間の貸借を促進することとしている。

**正答　4**

**問題10** 令和5年3月に下水道局が発表した「アースプラン2023」に関する記述として、妥当なのはどれか。

1　本計画は、外部有識者による「下水道カーボンハーフ実現に向けた地球温暖化対策検討委員会」の議論を踏まえ、下水道事業におけるエネルギー基本計画「アースプラン」を改定して新たな計画とするものである。

2　本計画は、2023年度から2030年度までを計画期間とし、「徹底した省エ

ネルギー」、「再生可能エネルギーの活用」、「処理工程・方法の効率化」の３つの取組方針に基づき、水処理工程及び汚泥処理工程のそれぞれにおいて対策を推進するとしている。

3　温室効果ガス排出量を2030年度までに2000年比で50％削減するという一段高い目標を掲げ、既存技術を最大限に活用した省エネルギー設備の導入や再生可能エネルギーの更なる活用を進めていくとしている。

4　2050年ゼロエミッションの実現に向けて、「先進技術の導入推進」及び「革新的技術の開発・導入」、「社会への貢献」を推進するとしているが、技術開発には時間を要することから、遅くとも2030年までには導入を開始するとしている。

5　2050年ゼロエミッションの実現に向けて、ペロブスカイト太陽電池やバイオマス由来の$CO_2$を回収して利用・貯留するネガティブエミッション技術など、革新的技術を活用して温室効果ガス排出量の削減を推進していくとしている。

### 解説10

1　**誤り。**下水道事業における地球温暖化防止計画「アースプラン」やエネルギー基本計画「スマートプラン」を統合して新たな計画とし、下水道事業の特性を踏まえて地球温暖化対策とエネルギー対策を一体的に推進することを目的としている。

2　**誤り。**「徹底した省エネルギー」、「再生可能エネルギーの活用」、「処理工程・方法の効率化」に「他分野との連携」を含めた４つの取組方針を示している。

3　**誤り。**2030年度までに温室効果ガス排出量を50％「以上」削減する目標を掲げるとともに、「新たに開発した設備の導入」や再生可能エネルギーの更なる活用などの取組を強化するとしている。

4　**誤り。**遅くとも2040年頃までには導入を開始する必要があり、さらに、技術開発や実証を2030年頃までに開始できるように、今から調査検討を行っていくとしている。

5　**正しい。**

**正答　5**

**問題11** 令和5年3月に総務局が発表した「第2期東京都性自認及び性的指向に関する基本計画」に関する記述として、妥当なのはどれか。

1 本計画は、東京都オリンピック憲章にうたわれる人権尊重の理念の実現を目指す条例に基づくものである。

2 本計画は、当初計画の取組を踏まえつつ、令和5年4月から令和8年3月までの3年間を計画期間としている。

3 本計画は、当初計画に基づき様々な取組を推進してきた結果、性的マイノリティ当事者が、周囲の無関心・無理解・偏見等の中で、人間関係や学校、職場などの様々な場面で、困り事に直面する状況は改善したとして、課題認識にあげていない。

4 本計画が基本方針として掲げているのは、「性的マイノリティ当事者に寄り添う」と「東京に集う誰もが共に支え合う共生社会『インクルーシブシティ東京』の実現を目指す」の2つである。

5 本計画は、基本方針の下、施策の柱として「相談・支援体制の充実」、「啓発・教育の推進」、「庁内外の取組の推進」の3つを掲げており、庁内職員向けの施策の柱は掲げていない。

**解説11**

1 **正しい。**

2 **誤り。** 令和5年4月から令和10年3月までの5か年計画としている。

3 **誤り。** 課題認識としてあげられている。

4 **誤り。**「多様な性に関する相互理解を一層推進する」を含む3つである。

5 **誤り。**「職員理解の推進」を含む4つを施策の柱としている。

**正答　1**

**問題12** 令和5年3月に都市整備局が発表した「東京高速道路（KK線）再生の事業化に向けた方針」に関する記述として、妥当なのはどれか。

1 KK線の再生に当たっては、植栽、アート等の導入や視点場の工夫、日本の文化や有楽町、銀座、新橋など沿道地域の多様な個性をアピールする

などにより、世界から注目される観光拠点を目指すこととしている。

2　KK線の再生に当たっては、令和3年3月の再生方針で示された2つの整備・誘導方針を踏まえ、現在自動車専用の道路として供用されているKK線上部空間（Tokyo Sky Corridor）を緑豊かな歩行者空間に整備することとしている。

3　本方針は、Tokyo Sky Corridorの実現に向け、東京都の取組の基本的な考え方を示すもので、東京高速道路株式会社、連携するまちづくり等の関係者の取組の基本的な考え方については別に示すこととしている。

4　KK線の再生は3区にまたがる広域的な事業で、2030年までに全区間の整備を完了することを目標としている。

5　KK線の再生に当たっては、全長約2kmの既存のKK線施設の形態をいかすことで、KK線上部空間の連続性と規模を確保することとしており、併せて既存の街並みの一新を図ることとされている。

## 解説12

1　**正しい。**

2　**誤り。**再生方針で示されたのは5つの整備・誘導方針である。

3　**誤り。**東京都と関係者の取組の基本的な考え方を示すものである。

4　**誤り。**整備完了の目標時期は2030年代から2040年代としている。

5　**誤り。**既存の街並みの継承を図ることとされている。

**正答　1**

## 問題13

令和5年3月に福祉保健局が発表した「東京都自殺総合対策計画（第2次）」に関する記述として、妥当なのはどれか。

1　都の自殺者数は、平成23年をピークに減少傾向にある。

2　都における30歳代以下の自殺者の割合は、全国の同割合と比較して低くなっている。

3　「東京都自殺総合対策計画（第2次）」は、自殺対策基本法第13条第1項に基づく都道府県自殺対策計画に位置付けられている。

4　計画期間は、令和5年度から令和14年度までの10年間である。

5 都においては、令和8年までに、自殺者数及び自殺死亡率を平成27年と比べて20%以上減少させることを目標として設定している。

解説13

1 **誤り**。平成23年をピークに減少傾向にあったが、令和2年度以降は、女性や若年者を中心に増加傾向にある。
2 **誤り**。都の30歳代以下の自殺者の割合は、全国の同割合と比較して高くなっている。
3 **正しい**。
4 **誤り**。計画期間は、令和5年度から令和9年度までの5年間である。
5 **誤り**。国の自殺総合対策大綱における全国の数値目標に合わせ、令和8年までに、自殺者数及び自殺死亡率を平成27年と比べて30％以上減少させることを目標として設定している。

**正答 3**

問題14 令和5年3月に生活文化スポーツ局が発表した「性別による『無意識の思い込み（アンコンシャス・バイアス）』に関する実態調査」に関する記述として、妥当なのはどれか。

1 性別により仕事の向き・不向きがあると思うか聞いたところ、児童や教員では約6割、保護者も約4割が「そう思う」と回答した。
2 男の子（男性）／女の子（女性）だからと思うことがあるか聞いたところ、児童、保護者、教員のいずれも4割以上が「そう思う」と回答し、特に、児童（女性）が「そう思う」割合が高かった。
3 性別により教科の得意・不得意があると思うか聞いたところ、児童や保護者に比べ、教員が「そう思う」割合が高かった。
4 周囲の大人の言動が子どもに影響を与えていることから、特に大人に対して働きかける取組を推進することとしている。
5 子どもの将来の仕事に対する「性別による思い込み」が見られたため、この「思い込み」へのアプローチを推進することとしている。

## 解説14

1 **誤り。**保護者は約6割、児童・教員は約4割が「そう思う」と回答した。
2 **誤り。**児童、保護者、教員のいずれも4割以上が「そう思う」と回答し、特に、保護者（女性）が「そう思う」割合が高かった。
3 **誤り。**保護者や教員と比べ、児童が「そう思う」割合が高かった。
4 **誤り。**周囲の大人の言動が子どもに影響を与えていること、子ども自身にも一定の「思い込み」が見られたことから、大人と子ども双方に働きかける取組を推進することとしている。
5 **正しい。**

正答 5

## 問題15

令和5年3月に都市整備局が発表した「『多摩のまちづくり戦略』の基本的考え方」に関する記述として、妥当なのはどれか。

1 多摩のまちづくり戦略は、「『未来の東京』戦略」や「都市づくりのグランドデザイン」を上位計画とし、「都市計画区域の整備、開発及び保全の方針」などに取組を反映させることで、地域が主体となってまちづくりを推進するためのエリアプランである。
2 本計画は、上位計画に基づき、目標年次を2050年代としている。
3 多摩地域の拠点づくりの方向性として「地元発信型の拠点づくり」と「道路・交通ネットワークの充実を契機とした周辺のまちづくりの推進」を挙げている。
4 「多摩シリコンバレーの形成に向けた産業拠点の整備」や「災害リスクと環境問題に立ち向かう都市の構築」など拠点づくりの7つの戦略を各拠点の個性に応じて選択・組み合わせながら実施をすることとしている。
5 多摩の将来像のイメージとして、「個性を活かし活力とゆとりある持続可能な多摩」を挙げている。

## 解説15

1 **誤り。**「都市計画区域の整備、開発及び保全の方針」は「多摩のまちづ

くり戦略」の上位計画である。

2　**誤り**。目標年次は2040年代である。

3　**誤り**。「地元発信型の拠点づくり」ではなく、「政策誘導型の拠点づくり」である。

4　**誤り**。「多摩シリコンバレーの形成に向けた産業拠点の整備」は「多摩の拠点整備基本計画」（2009年）における拠点整備の基本方針の1つである。

5　**正しい**。

**正答　5**

# 論文攻略法

# 第1節 主任論文に求められるもの

　主任選考Aの論文試験は、「都政に関する出題」「職場に関する出題」のうちどちらか1題を選択し、2時間30分で作成します。

　出題は、課題文に添付された事例と資料を分析し、（1）（2）と分けて論述することが求められます。（1）では、資料等の課題を抽出・分析した上で、出題テーマに関する基本的認識を300字以上500字程度、（2）では（1）で提示した課題に対する具体的な解決策を1200字以上1500字程度で、それぞれ論述します。

　具体的には、「都政に関する出題」については、新聞記事や調査報告等の資料が添付され、そこから課題を抽出する出題形式となります。一方、「職場に関する出題」については、設問中の職場に関する組織図や課題に関連した資料が添付され、細かく設定された職場状況から、課題を抽出する出題形式となります。

　また、職務経験を積んだ中堅職員を対象とする主任選考Bは、出題される3題のうち1題を選択し、1000字以上1500字程度の解答を2時間で作成します。

## 「論文試験」とは

　それでは初めに、論文試験とは何かについて確認していきましょう。

　論文とは、あるテーマについて、自分の意見を論理的に伝える文章を言います。論理的に書くという点で、自分が感じたこと、思ったことを書きつづる感想文や随筆とは異なります。また、筆者の意見を積極的に述べるという点では、事実を書くリポートや報告書とも異なります。

　論文試験では、与えられたテーマについての状況把握や状況分析、その分析に基づいた課題の設定、課題に対する解決策の提示という流れで、論理展開に一貫性を持たせて自分の意見を述べていくことが必要です。

特に主任選考の論文では、職員として都政が現実に直面する課題に対し、どのような解決策を講じるのか、主任として職場での業務遂行上の課題を見いだし、どのような改善策を講じるのかについて、論理的かつ具体的に書くことが求められます。

## 評価のポイント

次に、どのような論文が評価されるのかを確認していきましょう。どんな試験にも当てはまることですが、採点する側がどのような点を評価のポイントとしているのかを知ることで、試験対策を効果的に進めることができます。

### 1　問題意識
第1のポイントとして、出題されたテーマに対して高い問題意識を持っていることが求められます。「都政に関する出題」では都政全体を視野に入れ、自らの視点で課題を抽出、分析して論じること、「職場に関する出題」では事例の職場における課題を的確に抽出し、抽出した課題について主任としての役割を認識しつつ自分なりの問題意識から論じることが必要です。

### 2　問題解決力
第2のポイントとして、抽出・分析した課題に対し、具体性や現実性、効果等を踏まえた解決策を論じなければなりません。

出題されるテーマは、現実の都政や区政に関連した問題となります。出題側としては、現実に直面している課題について、職員自身の課題の捉え方、解決策の提示を求めているのです。

さらに、内容には具体性が求められます。抽象的、客観的なものではなく、日々直面している課題についての対応策など、具体的かつ現実的な内容を記載します。論文を書く際には、これまでの経験や、経験に基づく想像力を総動員して、リアリティーのある記述に落とし込むことが重要です。

### 3　論理性
第3のポイントとして、文章が論理的かどうかという点が挙げられます。

論文を書く場合には、「状況把握」→「分析・解釈」→「提案」という論理の型で組み立てます。どのような論文でも、論理の型は基本的に同じです。

　そして、書いた論文は上司や先輩に添削してもらいましょう。論理性は、論文を書いた本人の視点ではなかなか改善しにくい点です。他人に添削してもらうと、論理の飛躍、課題と解決策の不整合など、自分では気づかない箇所について指摘を受けることができます。また、複数人に添削してもらい、自らの論文を多角的に分析することで、どんなテーマにも対応できる、自分なりの論理の型を固めることができます。

## 4　表現力

　第4のポイントは、分かりやすい表現で文章が書かれているかという点です。

　誤字脱字がないか、適切な語彙が使われているか、文章が冗長になっていないかなどの点に注意しつつ、都政に携わる職員として適切で分かりやすい文章表現とします。総論的、抽象的な表現や難解な言葉は避け、簡潔明瞭で平易な構成となるよう心がけましょう。

## 5　その他

　これらのほか、積極性も重要な評価ポイントの一つになります。行政に携わる者として、問題の解決に主体的に関わっていく熱意、新しい課題や困難にも果敢に挑戦していくチャレンジ精神も問われています。自分の仕事ではないから関係ないといった姿勢は、論文の中にも表れてしまうものなので、日頃から積極性を持って仕事に取り組むことが大切です。

# 第2節 傾向と対策

試験本番までの準備の流れに沿って、採点基準や対策のポイントなどについて説明していきます。

## 情報収集

やみくもに論文を書き始めるのではなく、「どのような論文が求められているのか」を知ることが大事です。採点基準等について十分に情報を集め、合格する論文のイメージをつかみましょう。

### 1　採点基準

都人事委員会が令和4年6月17日付で「主任級職選考における論文採点の基本的な考え方等について」(以下「基本的な考え方」という)で採点基準を示しています。同基準では、「問題意識」「問題解決力」「論理性」「表現力」の4点を評点項目に挙げています。

「問題意識」は、本文及び資料から課題を的確に抽出できるかがポイントとなります。単に問題点を指摘するだけではなく、問題点として取り上げた理由や、課題の発生原因まで踏み込んでまとめる必要があります。問題意識を高めるには、職場で日頃から課題を探しながら業務に当たることが不可欠です。

「問題解決力」に関しては、抽出した課題に対して、現実的・効果的な解決策を提示しているかが問われます。過去の合格論文を丸暗記しても、同じ問題が出題される可能性は極めて低いので、ひねりを加えた問題には対応できません。事例内容を反映していない論述、出題内容に正面から答えていない論文はどんなに完成度が高くても評価が低くなります。職場で課題に対する解決策を考え、自分なりの解決方法を模索することが大切です。

「論理性」については、問題意識を掘り下げ、課題として整理し、現実

**183**

的・効果的な解決策を順序立てて、首尾一貫した構成で述べているかが検証されます。文章全体を通して、論理の飛躍や矛盾がないか、課題と解決策がしっかり対応しているかについて、気を付けて論述してください。試験本番では、いきなり論文を書き始めるのではなく、レジュメの作成から始めてください。レジュメは「職場の問題点」「課題」「解決策」に分類し、全体の構成を考えることで論理矛盾をなくしましょう。レジュメの作成時間は事前に決めておき、30〜40分かけても構いません。レジュメの出来が論文の完成度に大きく左右するので、あせらずにまとめてください。

「表現力」は、自分の言葉で簡潔に要点を明確に論述できるかどうかが鍵になります。誰が読んでも分かるように簡潔明瞭に書くことが重要です。誤字・脱字がなく、文法上も主語と述語の関係が明確な文章にしなければなりません。

書いた論文は、表現が不適切だったり論理の矛盾があったりするので、管理職や課長代理に添削してもらいましょう。また、合格論文などで、文章構成の分析や語彙のストックをしておくとよいでしょう。

## 2　合格者再現論文

採点基準の確認と並行して早い段階で行っておきたいのが、合格者再現論文の読み込みです。合格レベルの論文を作成するためには、過去の合格者の論文を参考にするのが有効です。再現論文を読み込むことによって、合格水準や論文の構成などを理解することができます。また、優れていると思う表現はストックしておき、自分自身が論文を作成する際に活用しましょう。

## 3　参考資料

都政ものを記述する場合には、現在の都政の動向、各局における事業や課題等について情報収集しておく必要があります。「『未来の東京』戦略」はもとより、知事施政方針や所信表明、各局が策定する主要な計画等について、都のホームページや都政新報などで、日頃から情報収集に努めましょう。また、平成29年度以降は出題形式の見直しにより、課題文に資料が添付されています。前述した参考資料から情報収集を行う際には、掲載されている図表やグラフ等についても併せて確認するようにしましょう。

# 準備論文の作成

## 1　問題の準備
　論文作成にあたり、まずは問題を用意する必要があります。これまでの出題傾向から、予想問題を作成しましょう。過去問や職場で出題してもらえる場合はそれを活用してもよいでしょう。

## 2　構成の決定
　論文の構成は、4段構成（起承転結）と3段構成（序破急）があると言われています。ここでは、3段構成の一例について紹介します。
　解答（1）　課題抽出と問題提起のセットを3つ。
　解答（2）　解答（1）で挙げた課題に対して、①背景②解決策③効果のセットを3つ。必要に応じて、最後に結論を記述します。
　平成28年度以前は、主任級職に昇任する上での決意表明を最後に記述するのが一般的となっていましたが、基本的な考え方では「主任級職選考の論文試験は、受験者自身が主任級職に昇任する上での決意についての出題ではなく、決意表明の有無を評価の対象としない。設問で問われていることに対し、十分に字数を使って論述すること」とされています。

## 3　作成のポイント
　テーマと構成が決まったら、実際に論文を作成していきます。最初は時間を気にせず、自由に書き、字数がオーバーしていたら少しずつ削り、制限字数内に収まるようにします。
　解答（1）と解答（2）に分けて、論述する際のポイントを説明します。

### 解答（1）
〈都政もの・職場もの共通〉
　基本的な考え方に「解答（1）の内容を踏まえて、解答（2）が論じられている」ことを採点の観点とする旨が記載されている以上、（1）と（2）の解答は関連している必要があります。論理的に一貫した論文を作成するためには、構成に沿ったレジュメを作成し、あらかじめ課題とそれに対応した

**185**

解決策を整理しておくとよいでしょう。

〈都政もの〉
　問題文に「資料を分析して課題を抽出し」と書かれているため、「資料○によると」といった表現を使用し、資料を十分に踏まえて課題を分析・抽出していることを示すようにします。また、触れる資料の点数が指定されていることにも注意が必要です。

〈職場もの〉
　平成28年度以前は、導入部に社会経済情勢や都政を取り巻く環境について論述する論文が多く見受けられましたが、基本的な考え方では、導入部の論述とその後の課題に関する論述との関連性の説明がない、または非常に少ない場合は、評価を低くしたとされています。関連性の薄い内容の論述によって評価を下げないためにも、設問で問われている課題の論述に十分に字数を使うようにしましょう。
　事例の職場が抱える課題を的確に抽出できるかが最大のポイントとなります。その際、複数挙げる課題が重複しないよう注意しましょう。また、「資料○によると」や「事例の職場では」といった表現を使用し、資料や問題文を十分に踏まえて課題を分析・抽出していることを示すようにします。

## 解答（2）
〈都政もの・職場もの共通〉
　具体的な解決策の前に、課題の背景を的確に論述することで、説得力の高い論文となります。現状の課題にとどまらず、課題の背景及び原因を分析して論述し、その原因が解決できるような取り組みを論述しましょう。
　解決策は、誰も考えたことがないような突飛なものでなくてよいです。発想力よりも、実際に課題解決ができそうな、実現性や具体性のある解決策が求められます。
　解決策の分量や内容に偏りが出ないよう、具体性や統一感等のバランスを整えましょう。また、順序についても、重要なものや真っ先に取り組むべきものを最初に論述するなど、課題解決の優先順位を意識するようにしましょう。

　論理性という観点では、資料から素直に読み取れる論点に対し、自然な文脈で論述することが重要です。読み手を意識し、接続詞を適宜使いながら、一読で理解できるような文章を書くよう心掛けましょう。そのためには、1文60字程度までを目安にするとよいでしょう。

〈都政もの〉

　解決策は、新たな取り組みを提案するか、または現在都が行っている事業に対する改善策等を述べてもよいとされています。いずれにしても、現実的かつ具体的な取り組みである必要があります。なお、その際、既存の施策を真っ向から否定するような論述は避けたほうがよいでしょう。

　都の所掌範囲でない解決策とならないように注意しましょう。ただし、「国と連携して○○を進める」や「区市町村の□□が推進するよう支援していく」等は問題ありません。前述した参考資料等で業務の所掌範囲を確認するようにしましょう。

〈職場もの〉

　事例の状況を反映した論文とすることが求められていますので、一般論としての取り組みを書くのではなく、事例を踏まえた論述となるように十分注意してください。

　主任としての役割を踏まえた解決策を論述します。例えば、課長代理に問題提起して解決策を提案したり、主事に指導・助言を行ったりするなど、チームとして解決策を推進していくのが主任の役割となっています。「定例会を開催する」「業務分担を見直す」等の取り組みは主任の所掌範囲を超えることになるため、例えば「定例会の開催を課長代理に提案する」等、書き方に注意が必要です。

　事例の職場の課題解決に取り組むのは「自分自身」だということを常に意識しましょう。「〜と考えられる」「〜を行う必要がある」といった文末ではなく、「（主任として）〜していく」「〜する」と言い切るようにします。

## 4　推敲

　最初から筋の通った文章を書くことは難しいものです。作成した論文については、次の観点から推敲を重ねましょう。

第3章

論文攻略法

**187**

▽資料及び問題文から適切に課題抽出ができているか▽適切な解決策を提示しているか▽課題及び解決策に重複はないか▽課題及び解決策を論述する順番は妥当か▽課題と解決策の対応は適切か▽課題及び解決策の分量は適切か▽論理構成に飛躍はないか▽内容に統一性はあるか▽同じ表現を繰り返していないか▽1文が長くなっていないか▽読みにくい表現はないか

## 5　添削指導

　論文を書き上げたら、必ず直属の上司に添削を依頼しましょう。第三者の視点で論文を見てもらうことで、内容や表現をさらに向上させていきます。

　最初は多くの指摘が入るかと思いますが、添削内容について真摯に受け止め、整理し、書き直した後、再度添削を依頼します。これを繰り返していくことにより、合格レベルの論文に仕上げていきます。

　また、修正すべき箇所を明確にすることができるため、可能であれば複数の管理職に見てもらうことが望ましいでしょう。

# レジュメの作成

　論文を数本準備したら、あとは課題・背景・解決策・効果をセットとしたレジュメを作成してストックを増やしましょう。また、合格者再現論文からレジュメを作成しストックとすることも効果的です。併せて、資料から課題を的確に抽出する練習もしておきましょう。レジュメを作成したら何度も読み返し、通勤時間やお昼休み等を活用して覚えていきます。

# 手書き練習

　約2000字を手書きするのは疲れる作業で、予想以上に時間がかかります。さらに、普段はパソコンで作業することが多いので、漢字が正確に思い出せないことがあります。また、手書きする際には、読む人のことを考えて、濃く、大きく、丁寧に書くことを心がけましょう。

# 模擬試験

　本番を想定した模擬試験は、自分の実力を検証できる有効な機会です。職場などで実施される場合には、できるだけ参加しましょう。なお、この際には時間管理に十分注意し、自分の「書くスピード」を計っておくと本番で役に立ちます。

# 試験本番

　本番では、焦ってすぐに書き始めるのではなく、まずは問題文をよく読み、出題意図を把握します。解答するテーマを決めたら、レジュメを作成し、全体の構成を整理します。

　時間配分の目安について例を挙げると、テーマ選択・レジュメ作成（30分）、論文作成（110分）、推敲・見直し（10分）です。準備した論文を無理やり当てはめようとしないよう、十分注意してください。特に職場ものは、事例の職場に沿った内容を論述しないと大幅な減点となります。

　また、誤字・脱字の確認は必ず行い、減点となるポイントはなくすようにしましょう。字数が一定数以下のものや完結していないもの等は、仮に内容が優れていても大幅に減点されることがありますので、時間が足りなくても最後まで諦めずに書き切るようにしてください。

第**3**章 論文攻略法

## 第3節 課題整理

# 課題整理「都政に関する出題」

### 1  最近のテーマ

直近5年間のテーマは次の通りです。

Ⅰ類

【平成30年度】都民のスポーツ振興

【令和元年度】地域で支え合いながら、高齢者が安心して暮らしていくための施策

【令和2年度】都内の$CO_2$排出を削減していくための施策

【令和3年度】安全・安心な東京を実現するための施策

【令和4年度】誰もが持てる力を存分に発揮し、自分らしくいきいきと活躍できる社会を実現するための施策

Ⅱ類

【平成29年度～令和4年度】

特に重要と考える都または局の課題

### 2  出題傾向

Ⅰ類、Ⅱ類に応じて系統の異なる問題が出題されています。Ⅰ類は、その時々の都政を取り巻く状況を背景に、個別の政策に関するものが出題されており、Ⅱ類は自ら課題を設定して論じるものが出題されています。

### 3  課題整理の資料

論文対策では、都の計画や事業を全て把握する必要はありません。都政を取り巻く社会情勢や課題、それに対する政策の大きな方向性をつかんでおくことが重要です。その上で、都の各施策や自らの業務とも関連付け、具体的

な解決策を記述します。

それでは、参考となる資料を紹介します。

## (1)「未来の東京」戦略

令和3年3月、都は長期計画である「『未来の東京』戦略」を策定しました。また、令和4年2月には東京2020大会と新型コロナとの闘いの中で生じた変化・変革を踏まえ、政策を強化した「『未来の東京』戦略 version up 2022」を策定し、令和5年1月には、これまでの常識が通用しないグローバルな課題や急速な少子化の進行などに先手で対応するため政策を強化した「『未来の東京』戦略 version up 2023」を策定しました。「未来の東京」戦略及び「version up 2022、2023」は、都政の羅針盤となる総合計画ですので、必ず確認しましょう。

## (2)知事の施政方針表明、所信表明

施政方針表明や所信表明は、都知事が考える都政運営の方向性を都議会の場で示すものです。最新の都政の方向性を把握するためにも、目を通しておきましょう。

こうした資料を参考に、都政の重要テーマについて現状と課題、それに対応する具体的な解決策を整理し、箇条書きや表でまとめておくと良いでしょう。分野は多岐にわたりますが、過去の出題傾向を分析し、都政の重要課題と方向性をつかんでおくことが重要です。

第**3**章 論文攻略法

**191**

# 課題整理（職場に関する出題）（１）

　「職場に関する出題」では、主任として課題をどう解決し、組織を支援すべきかが問われます。ただ、この課題解決能力は試験対策だけでは身に付きません。日常の業務に問題意識を持って、自身の職場で実際の課題に対して主任としてどう行動すべきかを常に考えることが試験論文の完成度を上げる近道となります。課長代理や先輩たちが課題を解決するプロセスを把握し、現在の職場の問題点から自分なりの解決策を導き出すことが、論文対策につながります。論文試験は２時間３０分以内に解答する必要があるため、短時間で論文を書き上げなければなりません。

　令和４年度の試験問題を基に、どのように構成を練り、論述していけばよいかを考えていきましょう。

## 令和４年度問題　（主任級ＡⅠ類・ＡⅡ類　問題２）

> 下記の事例と資料を分析し、次の（１）（２）に分けて述べてください。
>
> 　Ａ局Ｂ事務所審査課の審査担当では、個人や法人からの認可申請を受け付け、審査し、審査結果通知を送付する業務を行っている。申請期間は、２月１日から５月末までとなっており、審査担当は全ての申請に対する認可の審査結果通知を、６月末までに申請者に送付しなければならない。申請には複数の添付書類が必要となっており、審査手順も複雑であるため、受付から審査結果通知までに時間を要する。例年、４月前半から急激に申請が増えはじめ、４月中旬から６月にかけて繁忙期となる。
>
> 　あなたは、昨年４月に他局から審査課に異動してきた主任である。審査担当には、あなたの他に本年４月に異動してきたＣ課長代理と、ベテランで担当３年目のＤ主事、新規採用で配属されたばかりのＥ主事がいる。例年、繁忙期には審査課全体で応援体制を組み、管理・調査担当の職員も日替わりで申請書の受付と添付書類の確認を行ってい

る。

　4月中旬頃から、「受付で対応した職員から、本来、申請に必要のない書類を別の役所に取りにいくように指示された」、「五月雨式に追加書類の提出を指示され、何度もB事務所に足を運ぶ羽目になった」など、申請者からの苦情が増えてきた。また、申請書類の不備への対応に追われ、順調に審査を終えた申請の審査結果通知の発送にも遅れが生じ始めている。

　今年は、C課長代理とE主事が業務に慣れない中、審査担当と応援職員との連携も困難な状態にある。応援職員からは、「E主事への指導を我々が行っている。そのせいで余計に受付業務が滞っている」との声も上がり、課内の雰囲気は悪化してきている。審査課長からは、C課長代理とあなたに、「業務の遅延を直ちに解消し、適正な審査業務を維持するために必要な事項を整理し、改善すべき点について報告するように」との指示があった。

（1）設問の職場において、担当する業務の遅延を解消し、円滑に業務を進めていく上での課題について、簡潔に述べてください。

（300字以上500字程度）

（2）（1）で述べた課題に対して、今後、あなたはどのように課題解決に向けて取り組んでいくべきか、主任に期待される役割を踏まえ、具体的に述べてください。

（1,200字以上1,500字程度）

資料1　A局B事務所の組織図

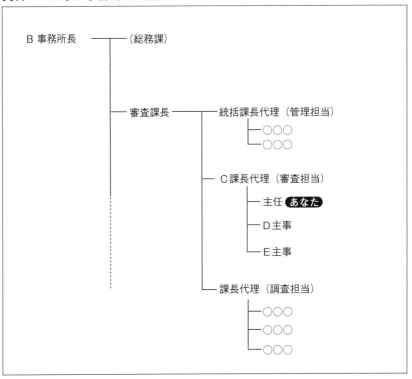

資料2　繁忙期の審査業務体制表

| 曜日 | 月 | 火 | 水 | 木 | 金 |
|---|---|---|---|---|---|
| 全体総括 | C課長代理 | | | | |
| 申請受付 | 主任 **あなた** | E主事 | 主任 **あなた** | E主事 | D主事 |
| | 応援者① | 応援者③ | 応援者⑤ | 応援者② | 応援者④ |
| | 応援者② | 応援者④ | 応援者① | 応援者③ | 応援者⑤ |
| 書類審査結果通知 | D主事 | 主任 **あなた** | D主事 | 主任 **あなた** | 主任 **あなた** |
| | E主事 | D主事 | E主事 | D主事 | E主事 |

資料3　申請件数と苦情件数の推移

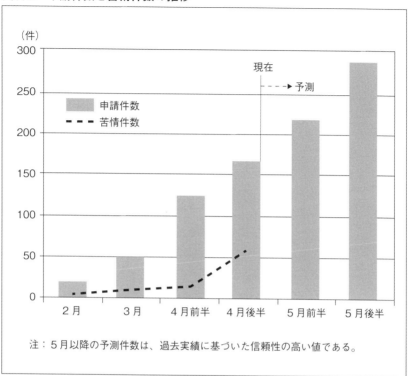

注：5月以降の予測件数は、過去実績に基づいた信頼性の高い値である。

資料4　審査課に寄せられる苦情の割合

| 内容 | 割合（%） |
|---|---|
| 申請の案内に関すること<br>　例：申請の案内（ハガキ）が分かりにくいなど | 20 |
| 申請書類に関すること<br>　例：手書きで記入する項目がある、添付書類が多いなど | 10 |
| 接客態度や職員の応対に関すること<br>　例：案内が不親切、添付書類の案内が間違っていたなど | 40 |
| その他<br>　例：手続に時間がかかりすぎる、来所不要にしてほしいなど | 30 |

第3章

論文攻略法

## 1　問題点の整理

　問題文に目を通した後、いきなり論文を書き始めないようにしましょう。まずは本文と資料から問題点を抽出し、整理します。論文の骨格となる問題点は全ての資料から満遍なく抽出することで、次の作業である課題整理を手際よく行うことができます。問題点と思われる箇所に下線を引いたり、メモ書きのようにまとめたりするだけで構いません。

　令和4年度の試験問題を例に取ると、問題点は6点あります。

①4月中旬から5月末にかけて申請件数の増加が見込まれる中、6月末までに全ての申請に対する認可の審査結果通知を送付しなければならないが、4月中旬から遅れが生じ始めている。（本文、資料3）

②4月中旬ごろから、申請書類に対する指導ミスに関して苦情が増えている。（本文、資料3）

③申請書類の不備への対応に追われ、順調に審査を終えた申請の審査結果通知の発送にも遅れが生じ始めている。（本文）

④接客態度や職員の応対に関することに対する苦情の割合が高い。（資料4）

⑤新任のE主事が一人で応援職員の指導を任されている日が週に2日あり、受付業務が滞っている。（本文、資料2）

⑥申請手続き自体の煩雑さに関する苦情が多く発生している。（資料4）

　これらの問題点をなるべく具体的に、予定した時間内で抽出できるようにしましょう。

## 2　問題点整理の注意点

　問題点は、資料などから客観的に読み取り、まとめます。主観的に問題点を抽出してしまうと想像の域を抜け出せず、設問とのずれが生じ、減点対象になる可能性があります。また、「申請件数の増加が見込まれる中、処理に遅れが生じている」ことのように、直接的に本文に記載されている問題点のみならず、「審査業務を行う際に、組織として進捗状況を確認する仕組みがない」などと明示されていない問題点を見いだすこともポイントとなります。次の作業である課題抽出も見据え、幅広く問題点を取り上げることが重要です。

## 3　課題抽出

　問題点を整理した後は課題抽出の作業に移ります。課題抽出は大きな柱と

して、

・業務の遅れや非効率な事務処理が生じた際の「事務改善」

・職場内の情報伝達などに問題が生じた際の「連携・情報共有」

・事務処理の遅れやミスが多い職員がいる場合の「人材育成」

・都民による苦情が殺到している際の「都民サービス」

・積極的に広報活動することで都民ニーズを満たす「広報」

・特定の職員に多くの負担が生じている場合の「業務体制」

の6点に分類し、課題を抽出すると分かりやすくなります。課題の数に決まりはありませんが、（2）で解決策を論じることを考えると、3つ程度が書きやすいと考えられます。

　令和4年度の論文で抽出した問題点を見ると、①は「事務改善」を柱として、課題を抽出できそうです。②③④は「人材育成」を柱として課題を抽出できると思います。さらに、⑤⑥は「業務体制及び都民サービス」の2つの柱に係る課題となります。この大きな柱を踏まえて抽出した問題点を表にまとめました。

　問題点は大きな柱に沿って整理すると課題を洗い出しやすくなります。令和4年度の論文では、「担当する業務の遅延を解消し、円滑に業務を進めて

第**3**章

論文攻略法

| 柱 | 職場の問題点 | 課題 |
|---|---|---|
| 事務改善 | 4月中旬から5月末にかけて申請件数の増加が見込まれる中、6月末までに全ての申請に対する認可の審査結果通知を送付しなければならないが、4月中旬から遅れが生じ始めている。 | 進捗管理が不十分 |
| 人材育成 | 4月中旬ごろから、申請書類に対する指導ミスに関して苦情が増えている。 | 職員の審査業務に対する習熟度が低い |
| 人材育成 | 申請書類の不備への対応に追われ、順調に審査を終えた申請の審査結果通知の発送にも遅れが生じ始めている。 | 職員の審査業務に対する習熟度が低い |
| 人材育成 | 接客態度や職員の応対に関することに対する苦情の割合が高い。 | 職員の審査業務に対する習熟度が低い |
| 業務体制＆都民サービス | 新任のE主事が一人で応援職員の指導を任されていることにより、受付業務が滞っている。 | 業務体制が非効率的 |
| 業務体制＆都民サービス | 申請手続き自体の煩雑さに関する苦情が多く発生している。 | 業務体制が非効率的 |

いく上での課題」がテーマに設定されているので、設問上の条件も踏まえて、出題内容に正面から回答できるように課題を整理してください。

## 4 課題整理の注意点

　課題整理を行う際の注意点は2点あります。1点目は、問題点と課題を対応させ矛盾がないようにまとめることです。そのためにはまず、事例や資料から導き出せる課題を抽出することが重要です。分析できないことを無理やり抽出し、課題としてまとめてしまうと、評価されませんので注意してください。次に、最終的に問題点と具体的な解決策が対応するよう、問題点と課題に矛盾がないようまとめましょう。「事例・資料より問題点整理→課題の抽出→具体的な解決策の提示」が論理的につながっていることが大切です。試験は時間との勝負であるため、論理的にまとめているつもりでも問題点と課題が対応していないケースが起こり得ます。問題点と課題で矛盾を生じさせないようにするには、上司に添削してもらうのが近道です。添削を繰り返すことで誰もが納得する内容に仕上げることも可能です。

　2点目は、主任として解決できる課題を抽出することです。令和4年度の事例を基に極端な例を挙げると、「業務が遅れているのは、審査担当の人員が足りないからである。よって、管理担当や調査担当から一人審査担当への配属を要請する」では、その後の回答（2）で主任としての解決策を提示することが困難になります。令和4年6月17日付で人事委員会から出された「主任級選考における論文採点の基本的な考え方等について」の参考資料によると、評価が低かった論述例として「『主任に期待される役割』に関する論述や、『具体的』な解決策の記載がない、または非常に少ない」が挙げられています。よって、主任として主体的に取り組むことができる課題を抽出することが大切になります。

## 5 論述のポイント

　課題抽出後は、解答用紙にまとめます。論述方法は独自に決めておくのがベストで、一例を紹介します。整理した課題は300字以上500字以内でまとめる必要があるため、3つの課題を取り上げた場合は1つの課題の分量は100〜150字になります。文字数が少ないので、課題の概略を端的に表現しましょう。論文を書き慣れないうちは、どうしても長文になりがちですが、

ポイントを絞ってまとめる練習を繰り返せば、おのずと150字以内でまとめることができるようになります。また、「資料3によると」のように、資料から問題点を読み取れた場合は、出典を明確にしましょう。

## 解答例

　設問の職場において、担当する業務の遅延を解消し、円滑に業務を進めていく上での課題は、以下の3点である。

　第一に、進捗管理が不十分な点である。事例では、6月末までに全ての申請に対する認可の審査結果通知を送付しなければならないが、4月時点で遅れが生じ始めている。資料3より、今後申請件数の増加が見込まれる中、より一層計画的に業務を進めなければ、審査が期日内に終わらない恐れがある。

　第二に、職員の審査業務に対する習熟度が低い点である。事例では、4月に新任職員が配属されて以降、申請書類の不備に対し苦情が増えている。また、資料4より、接客態度や職員の応対に関する苦情も多く受けている。このままでは、今後もミス、遅滞及び苦情が発生し続け、円滑に業務が進まない上に、都政に対する信用を損なう恐れがある。

　第三に、業務体制が非効率的な点である。事例では、新任のE主事が一人で応援職員の指導を任されており、申請受付が滞っている。また、来所不要にしてほしいなど、申請手続き自体の煩雑さに関する苦情も多く発生している。このままでは、非効率な処理体制により業務が圧迫され続け、円滑に業務を遂行できない。

# 課題整理 「職場に関する出題」（2）

　ここでは、課題に対する解決策の論述方法を説明します。設問（2）では、設問（1）の課題に対し、主任として行うべき解決策に言及します。課題と解決策をまとめる際に不可欠なレジュメの作成方法を覚えましょう。

## 1　レジュメの作成方法

　試験本番では、課題に即した解決策を提示するため、設問（1）の課題と（2）の解決策を同時に考えながらレジュメ作りを進めることになります。例示した「レジュメ例」のように、「職場の問題点」「課題」「解決策」の3本柱をまとめることになります。詳しく論述した作成例を掲載しましたが、実際の試験では時間が限られているため、もっと簡潔に解答しても構いません。

　レジュメの作成に当たっては、思いついたことを全て書き上げることがポイントです。一通り書き出した後、課題に対する解決策をまとめる際は、課題に対応しているか、主任としてふさわしい内容になっているか、矛盾がないか、一部の解決策だけ文字数が多すぎないか、解決策が重複していないかなどを念頭に置くことが大切です。

　また、レジュメは「事例・資料→問題点→課題→解決策」の流れで論文を書く上での論理的な矛盾をなくすために必要な作業であることを忘れないでください。レジュメのできが論文の完成度を左右すると言っても過言ではありません。〈論文構成例〉を常に頭に入れて、レジュメを作成するとよいでしょう。

　慣れないうちは、レジュメの作成に時間がかかってしまうと思います。何度もレジュメの作成を繰り返すことで、試験本番と同様に30〜40分でまとめることができるようになりますので、焦らず練習を積み重ねましょう。

　また、レジュメの作成時間だけでなく、構成も重要です。レジュメの構成をあまり練らずに論文を書いてしまうと、論文全体のバランスが崩れてしまい、書き直しが増える問題が発生しがちです。結果として、論文を書き上げる時間も多くかかり、2時間30分の試験時間内に完成することができなくなる恐れもあります。

〈レジュメ作成例〉

| 職場の問題点 | 課題 | 解決策 |
|---|---|---|
| ・4月中旬から5月末にかけて申請件数の増加が見込まれる中、6月末までに全ての申請に対する認可の審査結果通知を送付しなければならないが、4月中旬から遅れが生じ始めている。 | 課題① 進行管理が不十分 | **解決策① 進行管理の徹底**<br>取り組み① 審査管理表の作成<br>・ガントチャート形式とし、例年の実績をもとに、6月末までに何件審査すればよいかを決定する。<br>・併せて、各担当に月ごとの審査件数を割り当てた上で実際の処理件数記入欄を設け、共有フォルダに格納し、各担当に随時記入を依頼することで、各担当の進捗状況を見える化する。<br>・私は様式及び割当審査件数の素案を作成し、C課長代理の承認を得て各担当に提供する。<br>取り組み② 週に1回の進行管理会議の開催<br>・会議では、進捗状況、今後の予定、懸案事項、連絡事項を互いに報告する。<br>・処理に遅れがみられる場合は、会議内で解決策を協議し、割当件数の調整などを行い遅れの解消を図る。<br>・私は前述の申請管理表をもとに、業務に問題がないか積極的に確認し、6月末まで遅れが生じないようにする。 |
| ・4月中旬ごろから、申請書類に対する指導ミスに関して苦情が増えている。<br>・申請書類の不備への対応に追われ、順調に審査を終えた申請の審査結果通知の発送にも遅れが生じ始めている。<br>・接客態度や職員の応対に関することに対する苦情の割合が高い。 | 課題② 対する職員の審査業務が低い習熟度が低い | **解決策② 職員の審査業務に対する習熟度の向上**<br>取り組み① 申請書類チェック表の作成<br>・申請書類チェック表は、申請内容ごとに必要な書類を一覧化してまとめ、受付時にチェックできるようにする。<br>・併せて、各申請書類の様式に注意点を示した書類を添付することで、経験の浅い職員でも円滑に審査が行えるようにする。<br>・私は素案を作成し、ベテランのD主事に内容を確認してもらった上で、C課長代理の承認を得て各担当に提供する。<br>取り組み② 職場内研修の開催<br>・内容は苦情を受けている接客態度や職員の応対方法とし、ロールプレイング方式で実施することで、客観的に自身の接客態度を確認できるようにする。<br>・また、参加者同士で問題点を指摘し合い、具体的に助言してもらうことで、実践力向上につなげる。 |
| ・新任のE主事が一人で応援職員の指導を行っていることにより、受付業務が滞っている。<br>・申請手続き自体の煩雑さに関する苦情が多く発生している。 | 課題③ 業務体制が非効率的 | **解決策③ 業務体制の効率化**<br>取り組み① 応援体制の見直し<br>・E主事が業務に慣れるまで、E主事が申請受付担当に入る際は、私も一緒に申請受付担当に入り、応援者には1人だけ書類審査結果通知担当に回ってもらう。<br>・私がE主事の指導をフォローするとともに、ベテランのD主事に書類審査結果通知担当に回った応援者の補助をしてもらうことで、経験のある職員が経験の浅い職員及び応援者をサポートする形となり、指導を効率的に行えるようになる。<br>取り組み② 申請手続きの簡素化<br>・書類申請について、追加提出書類は郵送またはデータでの提出を認めることで、申請者の負担を軽減する。<br>・業務体制の変更は関係者との事前調整が必要なため、私は管理担当及び調査担当に変更について問題がないか確認する。<br>・私は変更後の業務フローを作成し、C課長代理及び審査課長の了承を得て新体制に移行する。 |

構成が練られたレジュメを短時間で作成するには、複数の課題と解決策のセットを事前に準備することが不可欠となります。また、課題と解決策について、事前に準備することはもちろん大切ですが、論文の設問（1）でまと

〈論文構成例〉　令和4年度の出題：「担当する業務の遅延を解消し、円滑に業務を進めていく」（問題文抜粋）が目標

| 設問 | 分類 | 記載例 |
|---|---|---|
| (1) | 冒頭文 | 設問の職場において、担当する業務の遅延を解消し、円滑に業務を進めていく上での課題は、以下の3点である。 |
| | 課題① | 第一に、（課題①）な点である。事例では、（職場の問題点を2つほど記載）。このままでは、（発生する弊害）。 |
| | 課題② | 課題①、③と同様 |
| | 課題③ | 課題①、②と同様 |
| (2) | 冒頭文 | 前述の課題に対し、私は主任として以下の3点に取り組む。 |
| | 解決策① | 1　（解決策①）<br>（課題解決後の姿）を実現するためには、（行うべき取り組み）をする必要がある。<br>そこで私は、（取り組み①）。<br>さらに私は、（取り組み②）。<br>これらの取り組みにより、（取り組みによって期待される効果）。 |
| | 解決策② | 解決策①、③と同様 |
| | 解決策③ | 解決策①、②と同様 |

〈発生する弊害例〉

| 設問の職場で発生している問題 | 発生する弊害 |
|---|---|
| 案件処理に遅れが生じている中、進捗を管理する仕組みがない。 | より一層計画的に業務を進めなければ、審査が期日内に終わらない恐れがある。 |
| 職員の業務知識が不足し、ミス、業務遅滞及び苦情が発生している。 | 今後もミス、業務遅滞及び苦情が発生し続け、円滑に業務が進まない上に、都政に対する信用を損なう恐れがある。 |
| 非効率的な事務処理体制となっている。 | 業務を圧迫し、円滑な業務遂行を妨げる。 |

〈取り組みにより発生する効果例〉

| 取り組む解決策 | | 取り組みにより発生する効果 |
|---|---|---|
| 取り組み① | 審査管理表の作成 | 組織的な進行管理体制が構築され、期日までに審査業務を完遂することができる。 |
| 取り組み② | 進行管理会議の開催 | |
| 取り組み① | 申請書類チェック表の作成 | ミス、遅滞及び苦情をなくし、円滑な業務運営を実現するとともに、都政に対する信用を確保できる。 |
| 取り組み② | 職場内研修の開催 | |
| 取り組み① | 応援体制の見直し | 効率的な申請受付体制が確立され、業務を円滑に進めることが可能となる。 |
| 取り組み② | 申請手続きの簡素化 | |

める「発生する弊害」や、設問（２）で記載する「取り組みにより発生する効果」について、ある程度ストックをためておくことも重要です。実際の設問に即して具体的に弊害などを書くことが望ましいのですが、似たような弊害が発生することも多々あるので、表現などを活用できる可能性が高いです。

　令和４年度の問題をもとに、具体的にまとめました。もちろん、暗記したものをそのまま書くと事例とのずれが生じ、結果として評価が低くなってしまいますので、試験本番では、その場で準備してきた課題と解決策を基にし、事例に沿った内容に論文を仕上げていきます。

　論文作成には時間がかかるため、ある程度言い回しや表現を覚えておくと、事例の内容に注力することができます。焦ってしまうと頭が混乱して論文の完成度が落ちる可能性がありますので、少しでも落ち着いて試験に臨めるよう、できる限り課題と解決策とのセットをストックしましょう。

## ２　解決策を考えるポイント

　主任として解決策を考える際に重要なことは、主任に期待される役割を明確に理解した上で、主任としての取り組みを論理的かつ具体的に記載することです。都人事委員会は評価の低い論文の例として、「主任に期待される役割の論述がない、もしくはほとんどない」ことを挙げています。つまり、自分で完結する事柄ではなく、担当内や他担当との関わりを意識した取り組みを挙げることが望ましいといえるでしょう。

　一方、主任の役割を踏まえない取り組み（人事配置に関わる取り組み等）は不適当と言えるでしょう。これらの取り組みを記述する場合は、課長代理に提案する形を取り、「他担当へ応援要請することを課長代理へ提案する」といった記述の仕方が適当です。応援の必要性の説明や応援体制の素案の作成、関係各所との意見調整など、取り組みの中身を主任として行う形が良いでしょう。

　いずれの取り組みも、行動の主語は「私」であることを強く意識するようにしてください。ただ、主語が「私」であることを意識しすぎて自分の担当ではない仕事や他担当の仕事を全て自分が引き受けるのは主任としてふさわしくないと言えます。周囲を巻き込む組織的な課題解決方法を考えましょう。

　また、論文で提示する解決策は、現実的な職場の現状を踏まえていることが必要です。解決策は斬新である必要はなく、むしろ、確かに有効だと多く

の人が納得できる現実的な取り組みを挙げた方が良いでしょう。日頃から職場で発生する小さな問題やその解決方法を見逃さないことが大切です。

　試験前の対策としては、〈課題と解決策の例〉のように、課題と解決策をストックしておくことが大切です。合格者が作成した論文が参考になるかと思いますが、様々な事例に応用できるようにするため、過去の合格者の論文をそのまま使うのではなく、必ず自分の言葉に置き換えて暗記することをお勧めします。また、暗記した課題と解決策をそのまま本番で記載する例が見受けられます。設問の職場の実情にそぐわない、ただ当てはめただけの論文は大幅な減点対象となり得ますので気を付けてください。暗記した課題と解決策をいかに設問の職場の実情に落とし込むかの練習が大切です。

〈課題と解決策の例〉

| 課　題 | 解決策 |
|---|---|
| 進行管理上の問題 | ・進行管理表の作成及び定期的な確認とフォロー<br>・進行管理表（ガントチャート）の作成<br>・業務スケジュールの見直し<br>・進行管理会議の開催 |
| 職員の育成や指導に関する問題 | ・業務マニュアル、FAQ 等の作成、更新<br>・職場内研修の開催<br>・ペア制の導入、ダブルチェック体制の構築<br>・先行事例からの業務ノウハウの獲得 |
| 非効率的な事務処理体制 | ・業務フローの見直し<br>・チェックシートの作成、活用<br>・申請手続きの簡素化、申請書類の電子化<br>・業務改善 PT の設置 |
| 情報共有や職場内のコミュニケーション不足 | ・問い合わせ対応記録表の作成と共有<br>・毎朝 10 分の朝会の開催<br>・グループウェアのチャットツールの活用<br>・共有フォルダや資料ロッカーの整理、ルール化 |
| 組織体制上の問題 | ・出勤、テレワーク体制の見直し<br>・業務分担の見直し<br>・課や部内での応援体制の構築<br>・組織内連携 PT の設置 |
| 情報発信や対外的な問題 | ・HP、リーフレット、よくある問い合わせ等の作成、掲載、更新<br>・HP 上での問い合わせフォーム設置・活用<br>・説明会の開催<br>・関係団体との定期的な意見交換の実施 |

## 3 論述のポイント

　課題や取り組みを記述する際は順番も重要になります。実際の職場で問題が発生した場合はより緊急度が高く、より問題の根幹に関わるものから取り組んでいくことと同様に、論文でも実際に取り組む順序に合わせて緊急度・重要性の高いものから記述します。

　例えば、令和4年度の試験問題では、業務の遅延を直ちに解消させることが求められているため、順番として業務の遅れを取り戻すために有効かつ必要なものから書いていきます。また、三つの課題を挙げるのであれば、論文では課題をまとめる設問（1）と解決策を記述する設問（2）は、それぞれ分量が均等になることが望ましいでしょう。例えば、（1）では導入部分に2行、三つの課題にそれぞれ6行を記載すると分量が同一になります。解決策を論述する際、①取り組みの必要性（背景）②取り組みの具体的な内容③取り組みによって期待される効果、の3点を必ず明記してください。これらに触れながら、全体としての論理が明確になるようにまとめます。

　令和3年の論文問題を例に示した評価の低い論文内容として、「導入部分で社会経済情勢や都政を取り巻く環境に関する論述がなされているが、それらの論述と『円滑に業務を進めていく上での課題』に関する論述との関連性の説明がない、または非常に少ない」ことなどが挙げられています。「事例・資料から読み取れる問題点」→「課題の抽出」→「具体的な解決策」というつながりを意識して論述しましょう。

　取り組みの必要性を示すことは、論理展開が明確となり説得力もアップします。ただ、解決策の分量が少なくならないよう2～3行程度にしておくのが良いでしょう。取り組みの具体的な内容は、設定された職場で自身が行う取り組みを詳細に論述します。「まず私は～する。（それを踏まえて）さらに私は、～を行う」といったように順序立てた記述ができると論理性が増します。また、全体のバランスを考え、一つの課題につき二つの取り組みを示すのが一般的です。そして、解決策の方向性を変え、個別の職員、課内、都民（組織外）など、多角的な視点からアプローチできるとポイントが高くなると思います。

　取り組みによって期待される効果は、課題の解決を示す際に重要となります。解決策の記述に当たっては、「解決策」→「期待される効果」→「課題の解決」という順序でまとめ、読み手に伝わるよう意識しましょう。論文の

最後には決意を表明することが一般的でしたが、平成29年以降は評価の対象外と位置付けられました。

## 4　力をつけるために

　試験対策はまず、合格者による論文を読みましょう。どの程度の論文を書くことができれば合格できるのかを把握することが大切です。また、読みやすい、分かりやすい論文の書き方を知ることができます。

　次に、時間を計らずに構成等に注意しながら論文を数本書き上げます。初めのうちは作成にかなり苦労すると思いますが、徐々に試験時間内に書き上げることができるようになるので、パートごとに丁寧に仕上げることが大切です。書いた論文は必ず複数の上司に添削してもらいましょう。自分ではうまく論述できたと思っていても、論理が飛躍していたり、表現が適切でなかったりすることが少なくありません。似たような指摘を受けた部分は直ちに修正し、同時に、どのように書けば読み手に伝わりやすいかを意識しながら、多くの合格者論文を読み込んで、課題と解決策のストックも進めましょう。

　また、適切な表現や言い回しがあれば、自分の論文に積極的に取り入れていきましょう。上司から及第点をもらうことができたら、複雑多岐な事例が出てきても焦らず対応できるように、自分なりの論文の型にしてください。型に沿って論文を書き、何本か完成論文を作成したら、その後は時間を計って数多くの問題に取り組みましょう。

　この一連の作業を様々な出題パターンの問題で実践するにより、本番で質の高い論文を書くことができるようになります。また、論文を書く際は、実際に手書きで練習することが大切です。普段からパソコンで文書作りを行っていると、手書きの際は漢字を思い出せない事態が発生します。また、2時間30分という試験時間内に2千字弱を書き上げるのはかなりしんどいです。丁寧な字で読みやすい論文を書くためにも、手書きに慣れておくことが重要です。

　類義語もたくさんストックしておきましょう。同様の意味を述べる場合でも、異なる表現を使うことで、読み手の印象を変えることができます。例えば、「苦情が発生した」ことを何度か述べる際には、「苦情が寄せられた」などと言い換えることができます。

## 第4節 論文添削

## 1 論文 1—【職場もの】

　下記の事例と資料を分析し、次の（1）、（2）に分けて述べてください。

　A局のB部C課では、ある助成金の受付・審査・交付業務を行っている。当該助成金は、年に4回、四半期ごとに公募するもので、今年は新興感染症流行の影響を受け、例年にも増して事業者からの申請が増えている。

　あなたは、審査担当の主任として、本年4月に局間異動でC課に配属された。同担当は、2年目となるD課長代理、3年目となるE主任、昨年は同課調整担当で課庶務を担当していたF主事、新規採用のG主事、そしてあなたの計5名体制である。なお、C課では、感染症流行下における業務継続の観点から、担当内で全員が対面で集まることのないよう、職員をグループに分けて交互に出勤させるなど、テレワークを中心とした業務体制を敷いている。

　審査担当においては、例年、主任と主事のペアを2組作って審査業務に当たり、課長代理が担当全体を総括する体制であったが、今年はE主任が4月から半年間の育児休業を取得することとなったため、D課長代理とG主事、あなたとF主事がそれぞれペアを組むこととなった。なお、E主任が育休に入る前に、担当全体で一通りの引き継ぎは受けたものの、育休期間に入ってから都度連絡するのは悪いと思い、この間の問題事案の対応は、昨年度、課庶務として審査担当の業務を横で見ていたF主事が率先して行うこととなった。

　5月に入り、第1回公募の締切が近づいてくると、事業者からの問い合わせも増えてきた。F主事を中心としてこれに対応していたとこ

ろ、「公募要領が変わっていないのに、なぜ昨年度と異なる書類を提出させるのか」といった苦情が多く寄せられるようになった。Ｆ主事によれば、「昨年度どのような書類を徴収していたのかわからず、育休中のＥ主任に聞くのも悪いので、事業者には考えうる全ての確認書類を出すよう案内した」とのことだった。この点について、あなたが育休中のＥ主任に電話で話を聞いたところ、「昨年度は、事業者の状況を確認できる書類が一つでも添付されていればよい、という運用にしていた」とのことだった。また、同じ電話でＥ主任は、自分のいない職場がどのような状況になっているか、気にするような反応も示していた。

　６月に入り、事業者への交付決定の時期になったが、Ｇ主事が担当していた起案事務に遅れが生じた。このことで、交付決定が例年よりも１週間遅れてしまった上、事業者からは「Ｇ主事に聞いても何も答えてもらえないので、別の担当を出してくれ」との苦情が多く寄せられることとなった。Ｇ主事は顔色も悪く、話を聞くと「ペアを組んでいるとはいえ、忙しそうなＤ課長代理の時間を取るのは申し訳なく、また先輩方はテレワークだったので、どのように質問したらよいかわからなかった」とのことだった。

こうした事態を踏まえ、Ｃ課長からＤ課長代理とあなたに対して、「今回のようなことが二度と起こらないように、業務の進め方を見直すこと」との指示があった。

（１）設問の職場において、業務を効率的かつ円滑に進めていく上での課題について、簡潔に述べてください。

（300字以上500字程度）

（２）（１）で述べた課題に対して、今後、あなたは主任としてどのように課題解決に向けて取り組んでいくべきか、主任に期待される役割を踏まえて具体的に述べてください。

（1200字以上1500字程度）

資料1　A局組織図

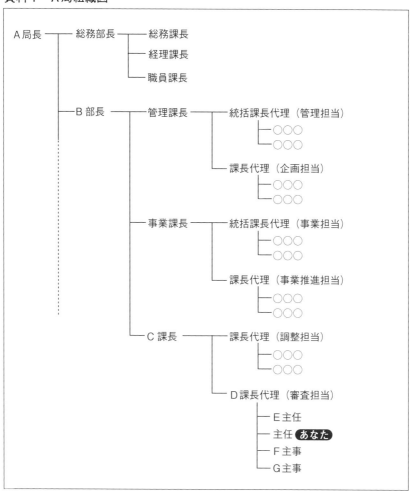

資料2　助成金業務スケジュール

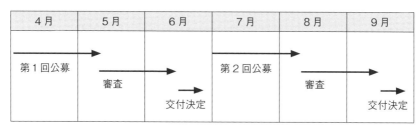

資料3　審査担当の超過勤務実績

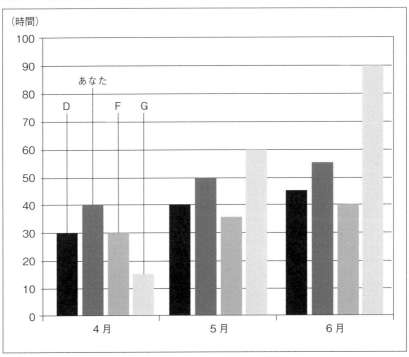

資料4　出勤／テレワーク表

| 曜日 | 月 | 火 | 水 | 木 |
|---|---|---|---|---|
| 出勤組 | 午前：D、G<br>午後：あなた、F | D、G | あなた、F | D、G |
| テレワーク組 | 午前：あなた、F<br>午後：D、G | あなた、F | D、G | あなた、F |

# 論文例1

## （1）

　設問の職場において、業務を効率的かつ円滑に進めていくための課題は、以下の3点である。

　第一に、業務に関するノウハウや知識の継承である。設問の職場では、事業者からの助成金申請受付に関する事務がしっかりと引き継がれておらず、大きな混乱が生じている。このままでは、事業者をはじめとした都民からの信頼を失うことにつながりかねない。

　第二に、職場内のコミュニケーションの活性化である。資料4のとおり、審査担当はテレワークが多い職場であり、感染拡大防止のために直接担当同士で顔を合わせる機会が少ないこともあって、職員相互の意思疎通がうまくいっていないことがわかる。また、育休を取るE主任への過度な気遣いについても、逆にE主任の復帰後の立場を難しいものにしている。このまま職場内でのコミュニケーション不足を放置すれば、次の第2回公募においても重大なミスを誘発しかねない。

　第三に、新規採用職員のフォローである。資料3のとおり、G主事の超勤実績は右肩上がりで増加しており、周囲に聞けない環境であるために業務効率が悪化し、一人で仕事を抱え込んでしまっている状況にある。このままでは、G主事の体調悪化や更なる業務上のミスが発生しかねない。

## （2）

　（1）で挙げた課題に対して、私は以下の3点に取り組む。

## 1　マニュアル作成による業務知識・ノウハウの適切な継承

　例年にも増して殺到している事業者からの問い合わせを適切に捌くためには、業務知識への習熟や事業者対応に係るノウハウの着実な継承が不可欠である。

　そこで私は、応答マニュアルの作成をD課長代理に提案する。マニュアルでは、第1回公募で事業者から寄せられた問い合わせ内容を整理するとともに、対応時に苦情を受けた項目については印をつけて目立つようにしておく。また、特に問い合わせが多かった項目については、Q&Aとして公表用に整理し、助成金申請のHPに掲載することで、問い合わせ自体の低減を図

っていく。なお、上記マニュアルやQ&Aの作成に当たっては、第1回の公募時に事業者からの苦情を多く受けたF主事やG主事を巻き込み、当事者意識を持たせながら、E主任をはじめとした前任者にも事業者対応の注意点を聞き直すなどして精度を高めていく。

こうした取り組みにより、事業者対応の質の向上と審査担当の業務負荷の軽減を図ることができ、第2回以降の公募で円滑に業務を遂行することができる。

## 2　職場内コミュニケーションの活性化による情報共有の徹底

感染症の流行によって対面で集まることが制限される状況にあっても、円滑な業務遂行のためには、組織における情報共有を密に行うことが不可欠である。

そこで私は、Teamsを用いた情報共有体制の構築をD課長代理に提案する。設問の職場では、G主事がテレワーク中の先輩職員に気を遣って質問しづらい状況に陥っていることから、Teams上に主任以下の職員だけの雑談用チャットを新たに立ち上げる。業務内容だけでなく業務外のことも含め、職場の席にいるときのような雑談感覚で会話ができるようにすることで、G主事が何でも相談しやすい環境を整えていく。また、チャットの反応を通じてG主事に何か異変を感じることがあれば、適時私からD課長代理に報告するようにしておく。

さらに私は、育休を取得したE主任がスムーズに職場に復帰できるように、定例的なキャッチアップミーティングの開催をD課長代理に提案する。E主任の育児の状況を聞きながら、無理のない範囲で、月に1回程度の短時間ミーティングをTeamsで実施する。これにより、E主任は職場の動きをキャッチアップすることができ、審査担当のメンバーは昨年度の運用をE主任に確認することができる。このように、デジタルツールなどを活用しながら職場を不在にしている職員ともうまくコミュニケーションを取ることで、担当全体の一体感が高まるとともに、当該職員が職場復帰した後も、チームで支え合う意識を醸成することにつながる。

こうした取り組みにより、たとえ対面で集まることができなくても、風通しの良い職場環境を構築することができ、スムーズな情報共有が促され、業務効率を向上させることができる。

### 3　徹底した進捗管理によるフォローアップ体制の構築

　一人で仕事を抱え込んでしまっているＧ主事をフォローし、円滑に事業を進めていくためには、Ｇ主事一人任せにすることなく、周囲の目で確認しながらタスク管理をしていくことが不可欠である。

　そこで私は、Ｇ主事の業務に関する進捗管理表の作成をＤ課長代理に提案する。進捗管理表は、1週間・1カ月・3カ月の3種類作成することとし、助成金の交付決定など、先の予定がわかっている業務については、そのリミットから逆算していつまでに何を済ませなければならないか、Ｇ主事に考える癖をつけさせる。また、作成した進捗管理表のとおりに業務が進められているかを確認するため、毎週月曜日にTeams上でＧ主事との朝会を実施する。業務に遅れが出ていた場合は、Ｇ主事と一緒に対応策を検討するとともに、Ｄ課長代理に逐一状況を報告し、事故の未然防止につなげる。

　こうした取り組みにより、Ｇ主事が一人で仕事を抱え込むことで発生していたミスの発生を防ぐことができ、効率的かつ円滑な業務遂行を実現することができる。

### 解説

　都政ものと同様、職場ものについても、限られた時間内で読みやすい論文を書き上げるためには「型」が重要となります。施策ごとに内容ががらりと変わる都政ものに比べて、職場ものの出題／解答パターンはある程度似通っています。過去の合格論文も豊富にありますので、各局で実施している研修等も活用しながら、ぜひ自分に合う「型」を作ってもらいたいと思います。

　今回の課題においては、「若手職員の育成」や「業務知識の継承」といったよく目にするテーマがある一方、真新しい内容として、「育休」に関する言及があります。国会でも「育休中のリスキリング」という答弁が大炎上しましたが、昼夜を問わず泣き続ける乳児の世話は想像以上に過酷で、間違っても育休中の職員に負担をかけるようなことがあってはなりません。他方で、今回の事例のように、育休明けの職員が復帰する際、いわゆる浦島太郎状態となってしまい、周囲についていけないというケースも顕在化しています。本論文例では、近年民間で採用され始めている「キャッチアップミーティング」という手法を解決策としました。このように、都庁内だけではなく

第3章　論文攻略法

都庁外にも視野を広げながら、具体的かつ効果的な解決策を提案することも効果的です。

　なお、2023年1月から、ついに都庁でもTeamsの機能が全面解禁されました。これによって、ファイルの共同編集が可能になるなど業務効率が大幅に向上するとともに、テレワーク時のコミュニケーションも格段に改善するものと思われます。デジタルツールを用いた職場改善や業務効率化の事例については、先行している民間で多くの蓄積がありますので、ぜひそういった情報もチェックしてみてください。

### 講評

　（1）では、①業務に関するノウハウや知識の継承②職場内のコミュニケーションの活性化③新規採用職員のフォロー——の3点を課題として挙げており、本文及び資料から読み取れる問題点抽出・課題設定として妥当です。

　（2）では、上記①〜③の課題に対して、主任として上司に提案しうる具体的な解決策がそれぞれ示されているといえます。ただし、3点の解決策の分量については、①と③が少し短めであるのに対して、②が分厚くなっており、採点者が読み進める際にバランスが悪いと感じるかもしれません。また、1文が長くなっている箇所も散見されますので、読み手を意識したショートセンテンスを心掛けるとよいでしょう。

# 論文2―【職場もの】

下記の事例と資料を分析し、次の（1）、（2）に分けて述べてください。

　Z局B事業所の事業課は、中小企業向けの助成金の受付・審査業務を行っている。

　あなたは、本年4月にB事業所の事業課の助成金担当に配属された。今年度は、主任であるあなたの他に担当2年目のC課長代理、ベテランで業務に精通している担当3年目のD主任、担当2年目のE主事、採用2年目で4月に他事業所から異動してきたF主事の5人が助成金担当となっている。

　Z局では6月から、水素エネルギーの普及・導入を促進するための助成金制度を新たに設けることになった。B事業所では助成金担当が手続きの所管窓口となり、プレス発表や手続きの概要を局HPに掲載し、4月から事業者への周知を行ったところ、資料2のとおり事業者からの問い合わせ件数が右肩上がりの状況である。日中、それぞれが問い合わせ対応に追われて現行の助成金審査業務にも支障が生じており、職場の雰囲気は悪化してきている。特に今年度新たに配属されたあなたとF主事は、業務に不慣れな中でも助成金制度の要綱を基に説明していたが、なかなか事業者から理解を得られずに時間を要し、超過勤務時間が増加している。（資料4）

　5月に入り、E主事が電話を受けると、現行の助成金制度に申請している業者から「4月中に審査結果が通知されると案内されていたが、まだ届いていない。どうなっているのか」と苦情が入った。状況を確認したところ、F主事の業務が滞っており、早急に審査を進めなければならないことが判明した。F主事から「水素エネルギーの助成金制度に関する問い合わせ対応に追われ、現行の助成金申請の審査まで手が回らない」という話があったため、当該案件については、D主任が代わりに処理し、事業者への審査結果通知の送付を済ませた。

　事業課長からは、「業務の遅延を直ちに解消するとともに、事業者

**215**

から寄せられている声を聞き、早急に改善を図ること。6月の助成金申請受付に向けて、円滑に開始できるようにしてほしい」との指示がC課長代理とあなたにあった。

（1）設問の職場において、業務を円滑に進めていく上での課題について、簡潔に述べてください。

（300字以上500字程度）

（2）（1）で述べた課題に対して、今後、あなたはどのように課題解決に向けて取り組んでいくべきか、主任に期待される役割を踏まえて具体的に述べてください。

（1200字以上1500字以内）

資料1　Z局組織図

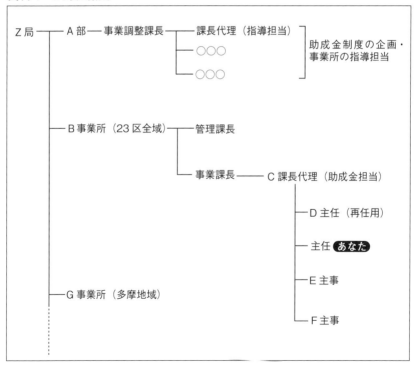

資料2　水素エネルギーの助成金制度に係る問い合わせ数の推移

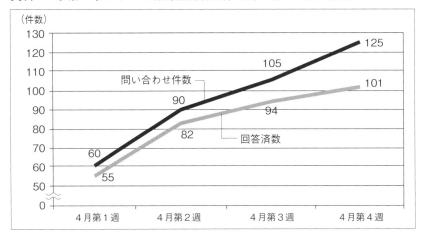

資料3　都民から寄せられた主な問い合わせ・苦情

- ・ 新しい助成金制度の内容について教えて欲しい
- ・ 具体的な対象設備について知りたい
- ・ 導入を検討している設備の助成金がいくらになるか知りたい
- ・ HP の記載内容が分かりづらい
- ・ 職員に誤った説明をされた
- ・電話で問い合わせをした際の担当者が要領を得ず、助成金制度についてよく理解していない印象を受けた
- ・ 案内された期限を経過しても、審査結果の通知が届かない

資料4　助成金担当の残業時間（1人当たり／1週当たり）

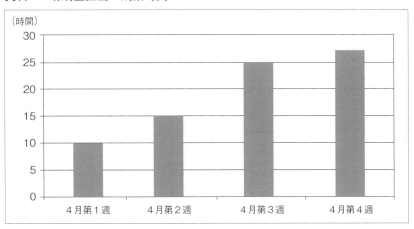

**（1）**

　設問の職場において、円滑に業務を進めていく上で、以下3点の課題がある。

　第一に、職員の助成事業に対する理解が不足していることである。資料3によると、事業者からの問い合わせに対して職員の説明が分かりづらく、誤った説明をされたという苦情が寄せられている。また、資料4の通り、増加する問い合わせへの対応に時間を要し、助成金担当全体としても超過勤務時間が増加している。このままでは、職員の健康面が懸念されることに加え、更なる業務遅延やミスを招く恐れがある。

　第二に、水素エネルギーの助成金制度に関する適切な広報が不十分なことである。資料2の通り、4月第1週から第4週にかけて問い合わせ件数が倍増している。これは、事業者にとって必要な情報を十分に発信できていないことが原因と考えられる。このままでは問い合わせへの対応に時間を要してしまい、他の業務遂行に支障が生じてしまう。

　第三に、進行管理の徹底である。設問の職場では、事業者からの問い合わせ対応に追われ、現行の助成金審査業務に遅延が生じている。また、F主事の審査業務が滞っていることにより、事業者から苦情を受けている。この状況を放置すれば、より重大な事故が再発してしまう可能性があり、事業者の事業運営にも悪影響を与えかねない。


**（2）**

　（1）で述べた課題を解決するため、私は主任として以下の取り組みを行う。

**1　職員の助成金制度に対する理解促進**

　超過勤務の増加を抑制し、事業者の問い合わせに適切に対応するためには、業務知識やノウハウを習得する必要がある。

　そこで私は、水素エネルギーの助成金に関するマニュアルの作成に取り組む。作成にあたっては、助成金業務に精通したD主任に協力を仰ぐとともに、G事業所に既存のマニュアルの有無を確認する。既存のマニュアルがある場合は、それを基に不足している情報を洗い出して改訂を行う。既存のマ

ニュアルがない場合は、業務概要や処理手順等の基本的事項に加え、間違いやすいポイントの解説や問い合わせ頻度の高い事項をQ&A形式にまとめる等、実践的な内容も記載したマニュアルを作成する。作成したマニュアルは、C課長代理及び事業課長の確認を受けた上で、A部の指導担当に内容の確認を依頼する。

さらに、職場内研修の実施をC課長代理に提案する。講師は私が務め、研修は二部制とする。第一部は作成したマニュアルを用いて講義を行い、第二部は判断が難しい事例を題材にしたケーススタディーや頻度の高い問い合わせへの対応方法など、実務的な内容を取り扱う。また私は、F主事と協力して研修資料を作成することで、業務理解の促進を図る。

これらの取り組みにより、業務知識を習得することで、事業者対応を円滑に進めることができ、超過勤務の削減が期待できる。

## 2　情報発信の強化

水素エネルギーの助成金制度に関する問い合わせや対応を減らすためには、事業者目線での分かりやすい情報発信の強化が必要である。

そこで私は、水素エネルギーの助成金に関する事業者向けのQ&A作成をC課長代理に提案する。具体的には、手続方法や助成対象となる設備等、問い合わせ頻度の高い事項を基に私が案を作成する。フロー図や絵を活用するとともに、重要な部分は太字や赤字にすることで、事業者にとって視覚的に分かりやすいものとする。

素案の作成後、担当内で回覧を行い、他に掲載するべき内容を集約する。そして、C課長代理及び事業課長の確認を受けた上で、A部の指導担当に内容の確認を依頼する。また、作成したQ&Aは、局HPの目立つ箇所に掲載して広く周知するため、Z局の広報担当にHPへの掲載を依頼する。HP掲載後においても、問い合わせ件数や内容の変化を確認し、必要に応じて掲載内容を改訂する。

これらの取り組みにより、問い合わせ対応の負担が軽減し、事業を円滑に進めることができる。

## 3　進行管理の徹底

業務の遅延や処理漏れを防ぎ、適切に業務を進めていくためには、進行管理を徹底していくことが必要である。

そこで私は、進行管理表の作成をC課長代理に提案する。進行管理表に

第**3**章

論文攻略法

は、申請者、日付、処理期限、担当者、対応経過を記録する欄を設ける。作成後は共有フォルダに格納し、各職員が適宜更新することで業務の可視化を図る。私は定期的に進行管理表を確認し、処理に遅れが見られる場合はC課長代理に報告する。そして、必要に応じて業務を補助し、組織的に対応していく。

次に、助成金担当内の定例会実施をC課長代理に提案する。定例会は毎朝10分程度とし、進行管理表をもとに各職員が業務報告を行い、懸案事項がある場合はこの場で相談し、担当全員で対応策を検討して課題解決につなげていく。

これらの取り組みにより、業務の進行を組織的に管理することで、業務の漏れを未然に防ぎ、一体感を持って適切に業務を遂行することができる。

以上3点の取り組みにより、効率的かつ円滑な業務運営を実現する。


## 解説

主任級職選考における論文試験は、問題文や資料から職場の状況を読み取り、課題を的確に抽出する高い「問題意識」や、具体的かつ効果的な解決策を論理的に展開する「問題解決力」が問われます。

（1）の課題抽出では、本文及び資料で設定されている事例の職場における問題点を適切に洗い出し、課題を整理します。留意点としては、設問の「業務を円滑に進めていく上での課題」に正面から答えるように抽出することです。

（2）の解決策の論述では、主任としての役割を認識しつつ、抽出した課題に対する解決策を検討します。事例の状況をよく踏まえて、（1）で示した課題に対して効果的な取り組みとなっているか、主任として適切な行動か、課長代理との関係を含めて組織支援の観点はどうか等の視点から、具体的な解決策を論述することが重要です。


## 講評

（1）課題設定については的確に捉えています。
（2）解決策の中身も全体としてうまくまとめています。

　1では、マニュアルを単に作るだけではなく業務経験が豊富な職員と協力し、他事業所の状況も視野に入れて効率的に取り組んでいる点や、マニュアルの活用による実践力向上にも触れている点が評価できます。また、新任職員とともに研修資料の作成に取り組むことで、人材育成の視点も織り込んでいる点は、主事より一段高い主任の役割を理解した解決策となっています。

　2では、事業者向けQ&Aを担当内で意見集約した上で作成している点や、局HP掲載後においても、問い合わせ状況の変化に応じて改訂を進めている点から実効性の高いものになっています。なお、Q&A作成にあたって、多摩地域を所管するG事業所との連携にも触れ、組織としての統一的な広報の必要性について加えると更に良くなります。

　3では、昨今の執務環境を踏まえると、定例会の開催方法について、スカイプやオンライン会議等での実施も想定しておく必要があるでしょう。

　全体としては、課長代理やベテラン職員、新任職員を巻き込む視点が盛り込まれており、組織支援への意識の高さを感じさせる論文となっています。

第**3**章　論文攻略法

**221**

# 論文 3— 【職場もの】

　A事業所のB課は、東京で開催される国際見本市に都内の民間の事業者が出展する際の申込受付、審査、許可等の業務を行っている。あなたは、この業務を担当する事業担当の主任として本年4月に配属された。今年度は、あなたの他に、本年4月に他局から異動してきたC課長代理、担当2年目のD主任、担当3年目、入都3年目のE主事及び新規採用職員のF主事が同業務の担当となっている。

　本事業は今年度から国からの補助金の制度改正が行われるため、昨年度の3月末に都内の事業者向けにパンフレットを作成するとともに説明会を開催して周知を図ることとした。しかし、制度改正の内容が固まるのが遅れたため、各職員は、改正内容を十分に理解した上で準備作業に取り掛かることが出来ないまま、パンフレットを作成し、説明会に臨むことになった。その結果、説明会のアンケートでは、説明内容が分かりづらいという意見が多かった。

　年度が開け、事業担当内でこうした声に対する対応を検討していた矢先、受付が始まる5月に向け、制度改正に関する事業者からの問い合わせが急激に増えることとなった。制度改正の内容を十分に理解できていない事業担当の職員は、目の前の問い合わせに対する回答のため、各種確認作業に忙殺された。こうした状況の中、関係者からの問い合わせは同様の内容も多かったが、各自が受けた質問・回答が課内で共有されることはなかった。

　申請書類の内容も不備が多く、各担当の処理が次第に滞るようになった。7月に入ると、事業者から、「5月中旬に申請を行ったが、昨年は5月中に許可があったが、今年はまだか」といった処理状況に関する問い合わせが毎日のように事業担当に寄せられるようになった。

　問い合わせや申請書の対応等により、事業担当の超勤時間が昨年度よりも大幅に増える中、来週からD主任が他局の業務応援で3カ月不在にすることとなった。B課長から、C課長代理とあなたに、「都民からの信頼を失わないよう、早急に状況の改善を図ること。また、組織全体でフォローできることがあれば提案すること」との指示があった。

222

（1）設問の職場において、業務を効率的かつ円滑に業務を進めていく上での課題について、簡潔に述べてください。

（300字以上500字程度）

（2）（1）で述べた課題に対して、今後、あなたはどのように課題解決に向けて取り組んでいくべきか、主任に期待される役割を踏まえて、具体的に述べてください。

（1200字以上1500字程度）

資料1　A事業所の組織図

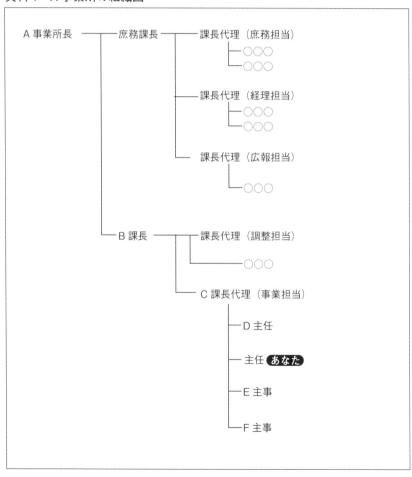

## 資料2　問い合わせ件数の推移及び主な問い合わせ内容

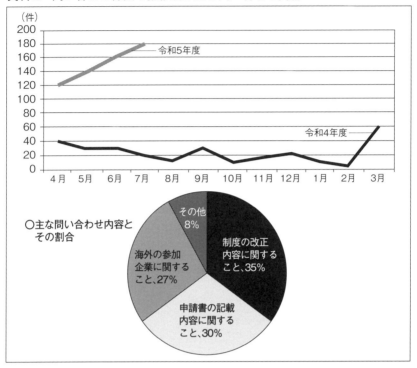

## 資料3　B課の超過勤務の状況（1人あたり）

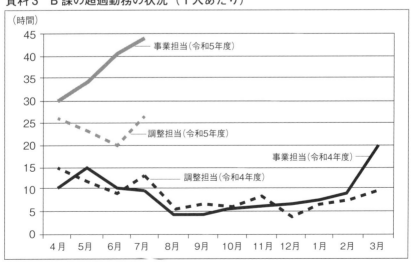

資料4　申請件数および処理件数の推移

| 月 | 令和4年度 | | | | 令和5年度 | | | |
|---|---|---|---|---|---|---|---|---|
| | 申請件数 | | 処理件数 | | 申請件数 | | 処理件数 | |
| | 月ごと | 累計 | 月ごと | 累計 | 月ごと | 累計 | 月ごと | 累計 |
| 4 | 45 | 45 | 40 | 40 | 75 | 75 | 25 | 25 |
| 5 | 55 | 100 | 50 | 90 | 80 | 155 | 33 | 58 |
| 6 | 39 | 139 | 45 | 135 | 70 | 225 | 42 | 100 |
| 7 | 40 | 179 | 39 | 174 | 65 | 290 | 45 | 145 |
| 8 | 24 | 203 | 25 | 199 | | | | |
| 9 | 20 | 223 | 24 | 223 | | | | |
| 10 | 33 | 256 | 30 | 253 | | | | |
| 11 | 25 | 281 | 28 | 281 | | | | |
| 12 | 28 | 309 | 28 | 309 | | | | |
| 1 | 20 | 329 | 20 | 329 | | | | |
| 2 | 10 | 339 | 10 | 339 | | | | |
| 3 | 5 | 344 | 5 | 344 | | | | |

# 論文例3

**（1）**

　設問の職場において、業務を円滑かつ効率的に進めていく上での課題について以下に述べる。

　第一に、制度改正に向けた業務体制の構築である。事例より、事業担当の職員が補助金の制度改正の内容を十分に理解できないまま説明会や問い合わせへの対応を行っている。A事業所において、職員が制度を理解した上で制度改正に係る業務を円滑に行う必要がある。

　第二に、制度改正に関する情報発信である。資料2より、今年度に入ってから問い合わせ件数が急増しており、その内容の重複が多いこと、また問い合わせ内容を課内で共有できていない状況である。

　第三に、業務の進捗管理である。資料3及び4より、申請件数が昨年度より増加し、処理件数は半数程度に滞っており、B課の超過勤務時間も増加している。さらに業務応援で担当が1名不在になることから、申請に対して効

率的に処理できるよう、業務の進捗管理を行う必要がある。


## （2）

　（1）で述べた課題の解決に向けて、私は主任として以下の通り取り組む。

### 1　制度改正に対応した業務体制の構築

　私は事業担当の主任として、担当内及びB課の他の担当と協力し、制度改正の理解を深め、問い合わせへの対応に係る体制構築を行う。

　具体的には、まず、C課長代理と相談し、担当内で学習会の開催を提案する。学習会においては、F主事のOFF-JTの一環として改正以前の制度内容から確認すると共に、それぞれが改正点の中で分かりづらいと思う内容を共有し、担当全員で疑問解消を図る。

　また、F主事に対して定期的な状況確認を行い、D主任やE主事と協力しながら業務の進め方に関する疑問や相談に応じることで積極的にフォローしていく。

　さらに、各課と連携し、制度改正に係る広報や国との調整など、業務内容を整理したマニュアルを作成し、A事業所で共有する。マニュアル作成時には、調整担当にも協力を仰ぎ、担当内の既存資料やノウハウの提供を受ける。

　以上の取り組みにより、課内職員それぞれが制度改正点と自身の担当を認識しながら業務を遂行することができる。

### 2　事業者への制度改正に関する情報発信の充実

　私は制度改正の内容について適切に事業者へ説明し、事業者からの疑問点や問い合わせに円滑に対応することで、問い合わせの件数を減らしていく。

　具体的には、まず、説明会で使用したパンフレットの更新を行う。説明会後に問い合わせがあった内容や分かりづらいと意見があった項目について、Q&Aの形式で記載する。その際、内容を分かりやすく説明した動画に収録して公開するなど、説明に工夫を凝らす。

　また、問い合わせ対応用に問答集を作成し、課内で共有する。問答集の作成にあたっては、事業担当で受けた質問をまとめ、D主任やE主事に相談しながら回答例を作成する。

　さらに、庶務課広報担当と相談し、ホームページに制度改正に関するポイントや申請書の記入例を記載するとともに、チャットボットを開設し、事業者が知りたい内容のページにすぐアクセスできるようにする。

　以上の取り組みにより、事業者に対して分かりやすく説明し、問い合わせに対しても円滑に回答するとともに、ホームページに情報を掲載することで問い合わせ件数を減らすことができる。

### 3　業務の進捗管理とサポート体制の確保

　私は申請に対する処理を円滑に進め、課内の超過勤務時間を減らすよう、業務の進捗状況の把握と進行管理を行っていく。

　具体的には、担当内で申請案件と処理状況をデータで一元管理できるシートを作成する。標準処理期間が近い未処理案件については、担当に進捗を確認し、優先順位をつけて進める。

　また、申請書受理の際のチェックリストを作成し、不備の有無を早期に発見することで、遅滞なく処理することができる。

　さらに、C課長代理に相談した上で担当ミーティングを開催し、それぞれの業務進捗状況や困難案件、課題を担当内で共有する。加えて、D主任が業務応援で不在になるため、D主任の担当業務のスケジュール表を作成し担当内で共有しつつ、各職員の業務量を考慮しながら業務の分担を行う。

　以上の取り組みにより、業務の進捗管理及び不在職員のサポート体制を構築することで、職員が相互に協力して円滑に業務を行い、超過勤務時間を減らすことができる。

### 解説

　主任論文は、本文及び資料で設定されている事例の職場における課題を的確に抽出しているか、抽出した課題について主任としての役割を認識しつつ自分なりの問題意識から具体的かつ効率的な解決策が論じられているか、という点が評価されます。

　職場に関する論文では許認可業務の中で説明会準備や苦情対応などの内容を扱ったテーマが取り上げられることが多く、近年はテレワーク下での業務の進め方が問われる例もありますが、今回は業務支援で担当が不在にするという状況において、業務を効率的かつ円滑に進めていく上での課題及び解決策を論じていく必要があります。

　また、内容のほかに、読みやすさ（スラスラ読める）というのが、論文全体の印象を決めるポイントとなります。長すぎる文章や難解な表現を避ける

よう意識し、客観的な視点で全体を見直してみることが重要です。

　まず、（1）では提示された事例と資料から適切に課題を抽出・分析します。今回の論文例では事例の内容や資料からポイントとなる課題をバランス良く抽出しています。

　（2）の解決策の中身も全体としてうまくまとめています。今回の事例で課長からは、早急な事態の改善及び組織全体のフォロー体制の提案を指示されています。上司や担当職員に相談しながら担当内ミーティングを提案して進める点や他部署と連携してマニュアルの作成を進める点など、主任としての役割を理解しながら論じています。

## 2　論文 1 ―【都政もの】

---

　東京において、障害を抱える人々が安心して暮らせる社会を実現するためには、都はどのような取り組みを行うべきか、次の（1）、（2）に分けて述べてください。

（1）障害を抱える人々が安心して暮らせる社会を築く上での課題は何か、資料を分析して課題を抽出し、簡潔に述べてください。なお、資料4点のうち、2点以上に触れること。

（300字以上500字程度）

（2）（1）で述べた課題に対して、都は具体的にどのように取り組みを行っていくべきか、その理由とともに述べてください。

（1200字以上1500字程度）

### 資料1　東京都障害者差別解消条例の認知度

障害者差別解消法の規定に基づき、東京都では平成30年10月に東京都障害者差別解消条例を施行しました。あなたは、この条例を知っていましたか。

名前も内容も知っている
6.8%

名前のみ知っている
22.0%

知らない
71.2%

【調査結果の概要】
東京都障害者差別解消条例を知っているか聞いたところ、『知っている』（28.8%）（「名前も内容も知っている」（6.8%）「名前のみ知っている」（22.0%））が3割近くで、「知らない」（71.2%）は7割超であった。前回調査との比較では、『知っている』が4.9ポイント減少した。

◎前回調査との比較

名前も内容も知っている
名前のみ知っている
知らない

| | 名前も内容も知っている | 名前のみ知っている | 知らない |
|---|---|---|---|
| 令和3年度(n=487) | 6.8 | 22.0 | 71.2 |
| 令和元年度(n=480) | 8.5 | 25.2 | 66.3 |

※令和元年11月実施「東京都障害者差別解消条例等について」

**229**

## 資料2　障害を理由とした差別が生じると思う分野

障害を理由とした差別が生じる場面は様々ですが、あなたは、次のどの分野で障害を理由とした差別が生じると思いますか。当てはまるものを、次の中から3つまでお選びください。

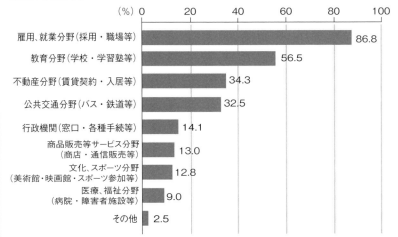

障害を理由とした差別が生じると思う分野について聞いたところ、「雇用、就業分野（採用・職場等）」（86.8%）が8割半ばで、最も高く、以下、教育分野（学校・学習塾等）（56.5%）、「不動産分野（賃貸契約・入居等）」（34.3%）などと続いている。

## 資料3　「新しい生活様式」での障害のある方の日常生活について

コロナ禍における「新しい生活様式」（日常生活でマスクの着用やソーシャルディスタンスの保持等）が定着していく中で、コロナ禍前と比べて、障害のある方の日常生活はより困難になっていると思いますか。

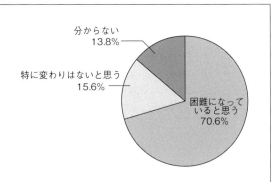

【調査結果の概要】
「新しい生活様式」が定着していく中で、コロナ禍前と比べて、障害のある方の日常生活はより困難になっていると思うか聞いたところ、「困難になっていると思う」（70.6%）が7割超で、「特に変わりはないと思う」（15.6%）は1割半ばであった。また、「分からない」（13.8%）も1割半ばであった。

資料4

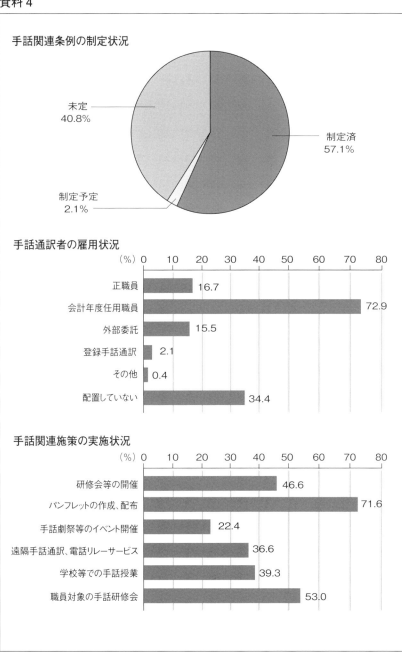

手話関連条例の制定状況

未定
40.8%

制定済
57.1%

制定予定
2.1%

手話通訳者の雇用状況

(%) 0　10　20　30　40　50　60　70　80

正職員　16.7

会計年度任用職員　72.9

外部委託　15.5

登録手話通訳　2.1

その他　0.4

配置していない　34.4

手話関連施策の実施状況

(%) 0　10　20　30　40　50　60　70　80

研修会等の開催　46.6

パンフレットの作成、配布　71.6

手話劇祭等のイベント開催　22.4

遠隔手話通訳、電話リレーサービス　36.6

学校等での手話授業　39.3

職員対象の手話研修会　53.0

# 論文例1

**（1）**

　東京において、障害のある人々が安心して暮らせる社会を築く上での課題について、以下の3点を述べる。

　第一に、東京都障害者差別解消条例の理解を促進していくことである。

　資料1より、条例を知らない人の割合は7割以上であり、その内容までは知らない人も含めると全体の9割以上を占めている。障害を持たない人々が条例の内容を理解し差別のない社会とするため、条例の内容を普及していく必要がある。

　第二に、障害者が不自由なく暮らせる社会環境を整備していくことである。

　資料2では障害を理由とした差別が生じうると考える人が、特に雇用・就業分野で8割以上を占め、資料3ではコロナ禍の新しい生活様式で日常生活が困難になっていると思う割合が7割を占める。障害のある人が不自由なく学び、働き、安心して暮らせる生活環境を整えていく必要がある。

　第三に、手話に対する理解及び活用を促進していくことである。

　資料4より、手話通訳者を配置していない自治体の割合が3割を超えており、研修会や遠隔手話通訳の実施割合が半数に満たない状況にある。都は自治体の手話活用や都民の理解を促進し、手話言語者が意思疎通を円滑に図ることができる社会を築く必要がある。

**（2）**

**1　東京都障害者差別解消条例の理解促進**

　社会全体で障害に対する理解を深め、差別をなくす取り組みを推進するため、障害者差別解消条例の認知度を高める必要がある。

　そこで都は、まず学校や企業への研修を行う。具体的には、義務教育のカリキュラムに、体験学習として障害者からの話を聞く授業や視覚・聴覚が不自由な状況の疑似体験、車椅子の試乗を通じて必要な配慮を考えるプログラムを導入する。また、民間企業に対しては、専門家や教育者を派遣し、障害者雇用にあたって必要な職場環境の改善に係る助言や合理的配慮の事例を紹介する研修を実施する。さらに、日常生活で障害者をサポートできる都民を育成するため、条例内容の広報を推進していく。具体的には、広報誌や電車

内広告、SNSなどを活用し、日常生活で起こりうる事例を動画や漫画等を通じて発信するなど、若年層から高齢者まで全ての世代に周知していく。

　これらの取り組みにより、都全体で条例への理解が高まり、差別のない社会を実現することができる。

## ２　障害者の暮らしに係る社会的支援の環境整備

　コロナ禍での対面での会話の減少により、表情や口の動きが分かりづらい状況も生じている。このため、視覚、聴覚障害者が円滑にコミュニケーションをとりながら仕事や学習に取り組める社会を築く必要がある。

　そこで都は、まず障害者が不安や不便を感じることなく働き、学ぶことができる環境を整備する。具体的には、福祉や労働、教育分野の関係機関と連携し、遠隔手話通訳や聴覚障害者の手話及び筆談を読み取って行う電話代行や試験等の問題用紙の点訳・音訳、文字や画像を拡大する機械の導入など、デジタル機器の活用を各施設で促進する。設置に関しては、補助金を給付するほか、アドバイザーを派遣し、必要な助言を行うことで設置を加速させる。また、職場や教育施設に点字・音声表示の導入を進め、設置が進んでいる施設は都のホームページや点字付のパンフレットなどで公開する。さらに、一見して障害が分からない人でも安心して暮らせるよう、区市町村と連携し、相談窓口の設置や周囲への意思表示ができるヘルプマークのタグやシールの作成・配布を行う。ヘルプマーク等の意味については、学校教育やテレビCMなどを通じて周知・拡散し、認知を高めていく。

　以上の取り組みにより、障害があっても平等に学び、働く機会を得られ、コロナ禍でも周囲の理解を得ながら安心して生活することができる。

## ３　手話に対する理解及び活用の促進

　都内での手話に対する認知度を高め、手話言語者がコミュニケーションや情報収集のしやすい社会環境を整備する。

　そこで都は、都民が手話に対する理解を高めるための機会を創出する。具体的には、民間企業やNPO法人と協働し、手話翻訳・学習アプリの開発を行う。学校や地域のコミュニティー、都内企業等に手話通訳者を派遣し、共同開発した手話翻訳・学習アプリを実践しながら手話を学ぶ講習会を開くことで、手話への理解を高める。また、都独自で手話の検定やレベル判定を実施し、講習会に参加した人や検定で一定の水準に達した場合には、手話ボランティアとして認定・登録し、街中での通訳や講習会講師として活躍するこ

第３章 論文攻略法

**233**

とで広く波及させる。そのほか、区市町村と協働し、医療サービスや災害時に手話言語者が必要な場面において、通訳者を派遣する。通訳者派遣ができない状況や緊急時には、都のアプリや遠隔手話通訳のサービスを提供することで自治体における手話の活用を促進していく。

　以上の取り組みにより、都内で手話を理解できる人々が増加することで、手話言語者にとってコミュニケーションが円滑になるとともに、くまなく都政情報を発信し、障害のある人々に必要なサービスを提供することができる。

### 解説

　近年、「都政もの」では、「観光」「スポーツ振興」「高齢者の活躍推進」「環境」「防災」といったテーマが出題され、令和4年度は「誰もが自分らしくいきいきと活躍できる多様性が尊重された社会の実現」について、女性活躍や働き方の変化、高齢者活躍などが複合的に組み合わさる形で取り上げられました。今回の論文例では、令和4年9月に東京都手話言語条例が施行されたことを受け、「障害者福祉」について論じています。試験前にテーマとなりそうな想定を何点か準備し、課題とその解決策を試験本番と同じ時間内で書き上げる練習をしておくと、試験当日も落ち着いて臨むことができると思います。

　論文作成にあたっては、自らの視点で課題を抽出、分析する「問題意識」、都が取り組むべき具体的かつ現実的な解決策を考える「問題解決力」、自らの考えを分かりやすく論理的に伝える「表現力」が求められます。

　論文試験においては、（1）で指摘される課題と（2）で取り上げる解決策について整合を図ることが重要です。いきなり論文を書き始めるのではなく、まずは課題文及び資料を全て読み、課題となるポイントをレジュメシートにまとめます。課題の抽出の数に決まりはなく、資料のボリュームや内容にもよりますが、基本的には3点でまとめると分量のバランスも取りやすいと思います。

　課題を抽出した後、それぞれの課題に対する解決策をレジュメシートにメモして整理します。ここで重要なことは、「都としてどのように取り組むか」という視点で考えることです。都民に対してのアプローチのみならず、民間企業や他の自治体との協働を図るなど、都の立場や役割を踏まえ、課題解決

のために必要なアクションを考える必要があります。具体的に何をするのかという点については、日頃から都のホームページや広報紙、「未来の東京戦略」等の行政計画や知事の施政方針・所信表明などを確認し、知識をストックしていくことでアイデアの幅が広がると思います。

講評

　まず、（1）では、提示された資料から自らの視点で適切に課題を抽出、分析することで、問題意識の高さを示す必要があります。今回の論文例では、「条例内容の普及」「社会環境の整備」「手話の活用促進」について、各資料から的確かつバランスよく課題が抽出されています。問題では資料のうち2点以上に触れることとありますが、全体的に根拠を基にコンパクトに触れられており、視野の広さや表現力が伝わる文章となっています。

　次に（2）では、具体的な取り組みを論じる前に、各課題を踏まえた解決策の方向性を記述することが求められます。今回の論文例では、各解決策の冒頭に2行程度でポイントがコンパクトに記載されており、読み手に対して取り組みの必要性が伝わる内容となっています。解決策の提示についても、まずは簡潔に概要を記載した上で、「具体的には」「また」「さらに」等の言葉で論理展開され、全体として統一された読みやすい文章となっています。

第3章　論文攻略法

# 論文 2—【都政もの】

都は2021年にデジタルサービス局を発足させ、デジタルの力を活用した行政を総合的に推進しています。都政のDXを進めるために、都はどのような施策を行うべきか、次の（1）、（2）に分けて述べてください。

（1）都政のDXを推進する上での課題は何か、資料を分析して課題を抽出し、簡潔に述べてください。

（300字以上500字程度）

（2）（1）で述べた課題に対して、都は具体的にどのような取り組みを行っていくべきか、その理由とともに述べてください。

（1200字以上1500字程度）

## 資料1　行政のデジタル化に関する住民の利用率、満足度

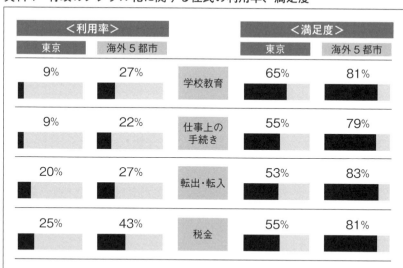

| | <利用率> | | | <満足度> | |
|---|---|---|---|---|---|
| | 東京 | 海外5都市 | | 東京 | 海外5都市 |
| 学校教育 | 9% | 27% | | 65% | 81% |
| 仕事上の手続き | 9% | 22% | | 55% | 79% |
| 転出・転入 | 20% | 27% | | 53% | 83% |
| 税金 | 25% | 43% | | 55% | 81% |

●デジタル化に関する都民の実態調査：東京都、ニューヨーク、ロンドン、パリ、シンガポール、ソウル在住の10代〜70代（各都市500名）を対象にWebアンケート（2021年11月30日〜12月20日）
●総回収サンプル：3,000（500名×6都市）

出典：政策企画局「デジタル化に関する都民の実態調査」

資料2

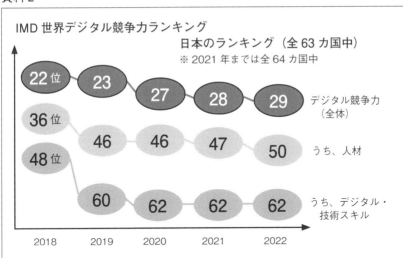

IMD 世界デジタル競争力ランキング

日本のランキング（全63カ国中）
※ 2021年までは全64カ国中

デジタル競争力
（全体）

うち、人材

うち、デジタル・
技術スキル

出典：経済産業省「第6回デジタル時代の人材政策に関する検討会」

デジタル人材の「量」と「質」の不足

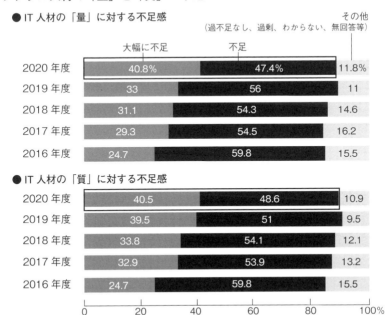

● IT人材の「量」に対する不足感

出典：経済産業省「産業構造審議会　第2回経済産業政策新機軸部会」

237

## 資料3　デジタル化に関する職員の意識

### 総合評価

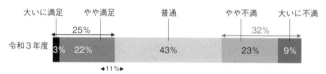

大いに満足　やや満足　　普通　　やや不満　大いに不満

令和3年度　3% 22% 43% 23% 9%
25%　　　　　　　　　32%
◀11%▶

### Web会議(ビデオ通話)機能の使用

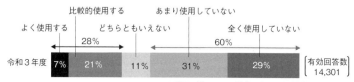

よく使用する　比較的使用する　あまり使用していない
　　　　　どちらともいえない　　　全く使用していない

令和3年度　7% 21% 11% 31% 29%
28%　　　　　　　　60%

有効回答数 14,301

※グラフ外：TAIMS端末でないため該当しない479

### テキストチャットの使用

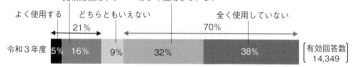

よく使用する　比較的使用する　あまり使用していない
　　　　　どちらともいえない　　　全く使用していない

令和3年度　5% 16% 9% 32% 38%
21%　　　　　　　　70%

有効回答数 14,349

※グラフ外：TAIMS端末でないため該当しない431

### テレワークの課題

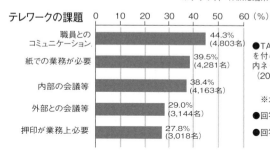

0　10　20　30　40　50　60（%）

職員との
コミュニケーション　44.3%（4,803名）

紙での業務が必要　39.5%（4,281名）

内部の会議等　38.4%（4,163名）

外部との会議等　29.0%（3,144名）

押印が業務上必要　27.8%（3,018名）

●TAIMS※等個人メールアドレスを付与された54,046人を対象に庁内ネットワークで調査を実施（2021年12月1日から14日まで）

※水道局のTS-NETを含む

●回答者数：14,780人

●回答者率：27.3%

### 都庁の業務の基盤となる主なシステム

| No | システム名 | No | システム名 |
|----|-----------|----|-----------|
| 1 | 文書管理総合システム | 6 | 総務事務センターシステム |
| 2 | 庶務事務システム | 7 | 東京都財務会計システム |
| 3 | E庶務事務システム | 8 | 予算計数情報システム |
| 4 | 東京都e-人事システム | 9 | 財産情報システム |
| 5 | 人事給与等システム | 10 | 電子調達システム |

出典：デジタルサービス局「東京のDX推進強化に向けた新たな展開」

## 論文例2

**（1）**

都政のDXを推進する上での課題は、以下の3点である。

第一に、都民目線に立ったデジタルサービスの提供である。資料1によると、東京は海外主要都市に比べて、デジタル化された行政手続きの利用率・満足度が共に低いことがわかる。その内訳として、満足度が5割を上回っている一方で、利用率が1～2割にとどまっており、まずは都民にデジタル化された行政手続きの利便性を知ってもらうことが強く求められる。

第二に、デジタル人材の確保・育成である。資料2によると、我が国のデジタル競争力は下位に低迷し、中でも人材やスキルの項目が特に低く、全体を押し下げる要因となっている。人材の量と質の不足感は年々増しており、都政のDXを進める上でも、その旗振り役となる人材の確保・育成は喫緊の課題であるといえる。

第三に、都庁自身のDXを推進することである。資料3によると、都職員のデジタルツールの活用が進んでいるとはいえず、また業務の基盤となる各種システムもそれぞれが別個に稼働していることがわかる。都政のDX推進に当たっては、「まず隗より始めよ」で、都庁組織及びそこで働く職員の意識を変容させるとともに、急激なデジタル技術の進展に耐えうる基盤環境を整備していくことが重要である。

**（2）**

（1）で挙げた課題に対して、都は以下3点の取り組みを行っていくべきである。

### 1　都民満足度の高いサービスの提供

都はこれまで、デジタルファースト条例を制定し、書面が前提だった行政手続きのデジタル化への転換を図るなど、デジタル環境の整備に努めてきたが、全ての都民にデジタル化の恩恵を行き渡らせるためには、更なるサービスの深化や利便性の向上が不可欠である。

そこでまず、デジタルサービスの開発・運用に際して、顧客目線でのサービス設計などを盛り込んだ、職員向け「行動指針」の周知徹底を図る。都民満足度をKGIとし、事業を見える化しながら、ユーザー目線でサービスを

第3章 論文攻略法

開発し、必要に応じてアジャイルに修正を加えることで、真に都民にとって使いやすい行政サービスの提供につなげていく。

　また、誰一人取り残さないデジタルデバイド対策も重要である。高齢者をはじめ、ITの知識が不足している人でもしっかりとデジタル化の恩恵を享受できるよう、区市町村や町会・自治会、NPOなどと連携して、地域におけるＰＣやスマホの相談会を実施するなど、高齢者等が気軽に相談できる環境を整備していく。

　さらに、国や基礎自治体など、他の行政組織との連携も重要である。マイナンバーやＧビズＩＤを所管する国との緊密な連携や、地域住民へのサービスを提供する区市町村との連携を強化することで、利用者目線に立った効率的で一貫性のあるデジタルサービスを提供していく。

## ２　デジタル人材の確保・育成

　都はこれまで、「ICT」の職種を新設するなど、デジタル人材の確保に努めてきたが、都政のDXを更に加速させるためには、その担い手となる人材をこれまで以上に迅速かつ柔軟に確保・育成していくことが急務である。

　そこでまず、事務職や土木職など、ICT職以外の職員のリテラシーレベルの向上を図る。東京デジタルアカデミーにおけるリテラシー研修を全職員悉皆にするなどして、デジタル技術と自らの業務をブリッジできる思考を養成し、DXを「デジタル部署の仕事」ではなく「自分事」に変えていく。

　また、外部からの高度専門人材の登用も重要である。官民問わずデジタル人材の獲得競争が激しさを増す中、優秀な人材はプロジェクトベースでスポット的に参画することが増えており、そうした需要を取り込めるように魅力あるポストを用意しながら、行政の前例に捉われない柔軟な給与設計や勤務体系等を通じて、転職市場に対して積極的にアプローチしていく。

　さらに、組織が求めるスキルや能力をまとめた「デジタルスキルマップ」の各局現場レベルへの落とし込みにも注力していく。デジタルサービス局が全庁的な旗を振るだけでなく、各局事業に精通する各職場がオーナーシップを持ちながら、現場レベルでどのような人材が求められているのかを整理し、戦略的な人員配置や中長期的な人材の確保・育成につなげていく。

## ３　DXを支えるシステム基盤の強化

　都はこれまで、ペーパレスやFAXレスなど「５つのレス」の取り組み等を通じて行政のデジタルシフトを推進してきたが、今後ますます増大するデ

ジタルサービス需要に対応するためには、都庁の業務を支えるシステム基盤を抜本的に強化する必要がある。

そこでまず、全庁の基盤システムであるTAIMSをクラウドベースに転換させていく。併せて、BYODの導入やチャットツールの利用を促進することで、職員の利便性向上も図っていく。こうした取り組みを通じて、サイロ化した各システムの個別最適ではなく、全庁での全体最適を追求し、システム相互の連携や業務の最適化・効率化を進めていく。

また、DXの推進に欠かせないデータ連携も強化していく。具体的には、都市データ利活用のプラットフォームとなるTDPFの本格稼働に向けて、まずは防災や上下水道等のインフラデータの庁内共有を通じた都庁組織におけるデータ連携を深めつつ、今後の官民協働を見据えた更なるデータ集約や利活用の高度化につなげていく。

以上3点の取り組みを実施することにより、都政のDXを強力に推進していく。

## 解説

論文の作成に当たっては、問題文をよく読んだ上で、（1）添付資料を踏まえた課題の抽出と、（2）当該課題の解決に向けた取り組みを論理的に記述することが重要です。（1）と（2）がうまく接続されていない論文や知識の羅列で論理性に欠ける論文などは減点の対象となりますので注意してください。

何よりも重要なのは、採点者となる読み手のことを考えて、できるだけ万人が読み下しやすい文章を書くことです。短い試験時間の中で、一から論理的な文章を創造することは容易ではないため、前もって論文の「型」を準備しておくことが有効です。例えば、（2）の解決策の提示に当たっては、論旨展開を「まず」「また」「さらに」で固定するなど、読み手が流れを予測しやすい平易な文章で記載するとよいでしょう。あらかじめ、ご自身の中で最もしっくりくる「型」を身に付け、どのような出題テーマになろうとも慌てずに対応できるようにしておくことをお勧めします。

また、都政ものを選択する場合は、当然のことながら施策に関する知識も求められます。ここで注意したいのは、独自の解決策にこだわる必要はないということです。施策担当者でもない人間が妙案を思いつくことはそうそう

第3章

論文攻略法

**241**

あるものではなく、各所管課が出している文書やプレスリリース、あるいは該当する知事所信表明や議会答弁等を参照しながら施策の流れを理解することが一番の近道です。今回のDXに関して言えば、構造改革推進チームによる「シン・トセイ３」やデジタルサービス局による「東京のDX推進強化に向けた新たな展開」「東京都デジタル人材確保・育成基本方針」など、非常によく整理されたテキストがありますので、ぜひ参考にしてみてください。

　なお、今回のテーマであるDXについては、語法の誤りが多く見られます。DXの肝は、Ｄ（単なるデジタル化）だけではなくＸ（新たな価値創出に向けた不断の変革）の営みであるということです。したがって、ちまたにあふれる「DX化」「DXを導入」「DXが完了」といったワーディングは全て誤りとなりますので（いずれもDXをIT化やデジタル化、デジタル技術といった言葉と混同している）、論文作成の際は注意してください。

### ▌講評

　まず、（１）では、提示された資料から適切に課題を抽出・分析することが求められています。今回の論文例では、資料３点全てに万遍なく言及していますが、本番では資料が４点以上提示されることもありますので、場合によっては（２）で示す解決策から逆算して、（１）で言及する資料を絞り込むことも有効です。その場合は、「最低○点以上の資料に触れること」といった問題文の指定を見逃さないようにしてください。

　次に、（２）では、具体的な解決策に入る前に、各施策の背景と進むべき方向性について触れており、その後に続く具体策が頭に入りやすくなるよう工夫されています。また、解決策の提示においては、２～３点の対応案をリズムよく型にはめて論じることができています。

　全体として、本論文例は主任として主体的に課題解決に取り組むという意気込みが感じられる内容になっています。都政ものの主任論文では、都政全体を視野に入れた高い問題意識を持ちながら、現実的かつ具体的な解決策をわかりやすく論理的に伝えることが求められます。職場ものに比べて、複数の施策テーマに目を通さなければならない大変さはありますが、そのプロセス自体が組織の中核を担う主任としての準備につながりますので、ぜひ前向きに試験対策を進めていただきたいと思います。

# 論文 3―【都政もの】

　人々のライフスタイルが変化する中、様々な分野においてより一層の女性活躍が求められている。女性が自らの希望に応じた生き方を選択し、自分らしく輝いている都市を実現するためには、都はどのような取り組みを行うべきか、次の（1）、（2）に分けて述べてください。

（1）女性が自ら選択し、輝くことができる社会環境を整備する上での課題は何か、資料を分析して課題を抽出し、簡潔に述べてください。なお、資料4点のうち、2点以上に触れること。

（300字以上500字程度）

（2）（1）で述べた課題に対して、都は具体的にどのような取り組みを行っていくべきか、その理由とともに述べてください。

（1200字以上1500字程度）

**資料1　女性の有業率の推移**

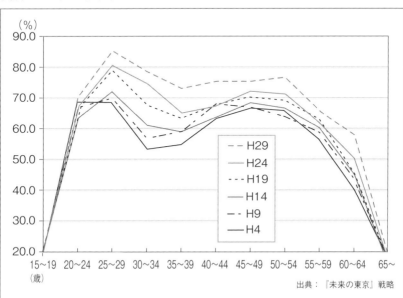

（%）

90.0
80.0
70.0
60.0
50.0
40.0
30.0
20.0

15～19（歳）　20～24　25～29　30～34　35～39　40～44　45～49　50～54　55～59　60～64　65～

H29
H24
H19
H14
H9
H4

出典：『未来の東京』戦略

**243**

## 資料2　ジェンダー・ギャップ指数（GGI）2020年

・スイスの非営利財団「世界経済フォーラム」が公表。男性に対する女性の割合（女性の数値／男性の数値）を示しており、0が完全不平等、1が完全平等。

| 順位 | 国名 | 値 |
|---|---|---|
| 1 | アイスランド | 0.877 |
| 2 | ノルウェー | 0.842 |
| 3 | フィンランド | 0.832 |
| 4 | スウェーデン | 0.82 |
| 5 | ニカラグア | 0.804 |
| 6 | ニュージーランド | 0.799 |
| 7 | アイルランド | 0.798 |
| 8 | スペイン | 0.795 |
| 9 | ルワンダ | 0.791 |
| 10 | ドイツ | 0.787 |

| | | |
|---|---|---|
| 15 | フランス | 0.781 |
| 19 | カナダ | 0.772 |
| 21 | 英国 | 0.767 |
| 53 | アメリカ | 0.724 |
| 76 | イタリア | 0.707 |
| 81 | ロシア | 0.706 |
| 106 | 中国 | 0.676 |
| 108 | 韓国 | 0.672 |
| 121 | 日本 | 0.652 |

・日本は153カ国中121位
・G7では最下位

出典：世界経済フォーラム「グローバル・ジェンダー・ギャップ報告書」より作成

## 資料3　育児休業取得率の推移

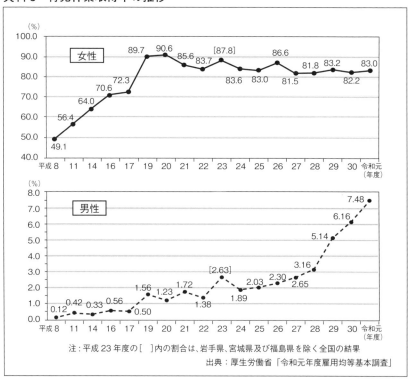

注：平成23年度の［　］内の割合は、岩手県、宮城県及び福島県を除く全国の結果

出典：厚生労働省「令和元年度雇用均等基本調査」

244

## 資料4　役職別女性管理職割合の推移 （企業規模 10 人以上）

注：平成 23 年度の [　] 内の割合は、岩手県、宮城県及び福島県を除く全国の結果

（参考）　表2　企業規模30人以上における役職別女性管理職割合の推移
(%)

|  | 課長相当職以上（役員を含む） | 係長相当職以上（役員を含む） | 役　員 | 部長相当職 | 課長相当職 | 係長相当職 |
|---|---|---|---|---|---|---|
| 平成15年度 | 4.2 | 5.8 | 10.9 | 1.8 | 3.0 | 8.2 |
| 18年度 | 4.7 | 6.9 | 12.2 | 2.0 | 3.6 | 10.5 |
| 21年度 | 6.3 | 8.0 | 13.6 | 3.1 | 5.0 | 11.1 |
| 23年度 | [6.8] | [8.7] | [13.9] | [4.5] | [5.5] | [11.9] |
| 25年度 | 6.6 | 9.0 | 13.1 | 3.6 | 6.0 | 12.7 |
| 27年度 | 7.8 | 10.2 | 16.0 | 4.3 | 7.0 | 13.9 |
| 28年度 | 8.7 | 10.4 | 15.7 | 5.4 | 7.9 | 13.8 |
| 29年度 | 8.9 | 11.1 | 16.0 | 5.4 | 8.6 | 14.5 |
| 30年度 | 8.7 | 11.4 | 15.4 | 5.1 | 8.4 | 15.9 |
| 令和元年度 | 9.5 | 12.2 | 13.6 | 5.5 | 10.3 | 16.6 |

注：平成 23 年度の [　] 内の割合は、岩手県、宮城県及び福島県を除く全国の結果

出典：厚生労働省「令和元年度雇用均等基本調査」

第3章 論文攻略法

## 論文例３

**（1）**

　女性が自ら選択し、輝くことができる社会環境を整備する上での課題は、以下３点である。

　第一に、女性の就業促進である。資料１の通り、平成29年時点において、女性の有業率は平成４年と比較して上昇しているが、20〜30代で減少する傾向にある。これは、結婚・出産・育児を機に仕事を辞める人が多いことが起因している。女性がライフスタイルに合わせて働くことができる就業環境を整備していかねばならない。

　第二に、男性の育児に対する参加促進である。資料３の通り、男性の育児休業率は近年上昇し、特に平成28年度から令和元年度にかけて２倍強に増加しているが、いまだ10％未満と低い状況である。このため、女性に育児の負担が生じている。女性が自らの希望に応じた生き方を選択できるよう、仕事をしながら男性が積極的に育児に参加できる環境を整備する必要がある。

　第三に、女性の社会的地位の向上である。資料４の通り、企業規模10人以上の企業において、令和元年度時点の女性管理職の割合は、20％程度またはそれ以下である。資料２のとおり、ジェンダー・ギャップ指数について、日本はG7の中で最下位であり、女性は男性と完全平等とはほど遠い。女性が、自分らしく輝き続け、社会で活躍できるよう取り組んでいく。

**（2）**

　都は、（1）で挙げた課題を解決するために、以下３点に取り組む。

**１　多様な働き方の創出及び再就職支援**

　女性就業が促進されるために、仕事と育児とを両立しながら働ける職場環境の整備及び女性の再就職時におけるスキル面での不安解消について図っていく必要がある。

　前者については、保育施設設置を推進する。そのために、待機児童が多い地域及び保育施設設置が進んでいない地域を優先的に、事業者及び区市町村に対して、都有地の定期借地を行い、地価が高い東京での保育施設整備を支援する。また、時間及び場所に制限されず柔軟に働けるよう、企業のテレワーク導入を支援する。大企業よりもテレワーク実施率が低い中小企業に対し

て、テレワーク機器購入経費を補助し、導入を促進する。さらに、女性が自らの希望に応じた就職ができるよう、仕事と育児の両立支援を積極的に行っている企業の説明会を開催する。説明会では、個別カウンセリングの場を設け、女性と企業のマッチングを強化する。

　一方、後者については、仕事のブランクがある女性に対して、育児の隙間時間に学習ができるよう、民間企業が実施するオンライン講習を提供し、スキルアップを通じて、女性の再就職を後押しする。

　以上の取り組みにより、ライフスタイルが変化しても女性が働き続けられる環境が整備され、女性がいつまでも輝き続けることができる。

## 2　男性の育児・家事への参加促進

　男性の育児参加を促進するために、男性が育児休業を取得しやすい職場風土形成及び育児への男性の意識向上に取り組む必要がある。

　そこで、男性の育児参加に関する職場風土形成を希望する企業に対して、専門コンサルタントを派遣し、育児休業制度導入及び育児休業を取得しやすい雰囲気作りに関する助言を行う。また、都は男性の育児参加について優れた取り組みを行った企業を表彰する。そして、取り組みについて都HP及びツイッター等のSNSで紹介し、他企業を後押しすることで、男性の育児・家事参画に対する社会全体の機運を醸成していく。

　さらに、男性の育児・家事に対する意識を向上させるために、男性向け育児・家事アプリを配信する。アプリは、都の栄養士が監修した栄養満点の簡単自炊レシピ及び育児・掃除・洗濯等家事に関するコツ動画について、配信する。

　以上の取り組みにより、夫婦が協力して家事・育児を行うことで、女性が自らの希望に応じた生き方を選択できる社会の実現に近づく。

## 3　女性の活躍推進

　女性の社会的地位を向上させるために、企業に対する積極的な女性管理職登用支援及びキャリアアップに対する女性の意欲を引き出す必要がある。

　そこで、企業の積極的な女性管理職登用を支援するため、企業の管理職及び女性活躍推進に携わる担当者を対象とした研修会を実施する。研修会では、女性活躍の必要性及び女性が管理職を目指す雰囲気作りのポイント等について提供する。また、女性のキャリアアップに対する意欲を向上させるため、女性従業員を対象に、ロールモデルとなる女性管理職を招いた交流会を

第3章　論文攻略法

開催する。交流会では、リーダーに必要な能力取得及び実際に活躍する女性の事例紹介を行い、キャリアアップを目指すきっかけを提供する。

　さらに、自ら起業し、経営者として活躍する女性を支援する。金融機関と連携して、起業に伴う資金提供及び事業計画策定に対する助言を行う。協力する金融機関について、女性活躍を積極的に支援している企業として広く公表し、金融機関の利益を生み出す。

　以上の取り組みにより、女性の社会的地位が向上することで、自分らしく輝き続けられる社会の実現に近づく。

　都は、上記3点の取り組みを着実に行うことにより、全ての女性が自分らしく輝き、活躍できる社会を実現させていく。


### 解説

　本課題は「人が輝く東京」実現に向けた重要課題の一つである「女性活躍」に関するテーマです。都政ものを選択する場合は、施策・事業に対する知識量が決め手となるため、日頃から都のホームページ等により必要な情報を収集することが不可欠です。そこで基本となるのは「『未来の東京』戦略」などの主要な行政計画や知事の施策方針表明・所信表明、各局が発表する重要施策等です。これらを随時確認しながら、都政の主要テーマごとに幅広い観点から課題と解決策を整理した表を作成し、知識を体系化してストックを増やしていくことが有効な対策となります。

　そして、試験本番においては、論文を書きだす前に必ずレジュメを作成してください。レジュメ作成により、課題と解決策の対応関係や解決策がハード面、ソフト面からバランスの良い内容となっているかについての点検が可能となります。これにより、書き直しの手間が減り、限られた試験時間を効率的に使うことが可能となります。日頃からの試験勉強の中でこれらのことを意識しながら取り組んでみてください。


### 講評

　まず、（1）では、提示された資料から自らの視点で適切に課題を抽出・分析することで、問題意識の高さを示す必要があります。今回の論文例で

は、各表・グラフから的確かつバランスよく課題が抽出されています。課題分析にあたり、過去との比較や現状を表す数字が使われている点も説得力を高めています。各資料にも全般的かつコンパクトに触れられており、視野の広さが伝わるとともに、リズムの良い文章となっています。総じて、出題意図に沿った説得力のある記述となっています。

その上で、課題に対する原因分析の箇所について、一部資料からは直接読み取れないやや唐突な記述が見られるため、丁寧に解説をしたり、根拠を示しながら説明していくとより納得性の高い内容となります。

（2）では、具体的な取り組みを論じる前に、各課題を踏まえた解決策の方向性を記述することが求められます。今回の論文例では、各解決策の冒頭に3行程度でポイントがコンパクトに記載してあり、読み手に対して取り組みの必要性が伝わる内容となっています。

次に解決策の提示ですが、全体を通して、分かりやすい表現で具体的かつ論理的に記述できています。各段落において、冒頭の簡潔な概要の記述を受け、「そこで」「また」「さらに」など同じ言葉が繰り返し使用されていることで、論理展開が統一され、全体として読みやすい文章となっています。具体的内容についても、財政的負担の大きいハード施策のみならず、説明会や研修、男女双方の意識改革を含めた幅広い内容となっています。

また、テレワークやオンライン、SNSやアプリの活用にも触れられているなど、都の施策方針や現在の社会状況を踏まえた必要性が高い内容となっています。解決策の提示については、本論文のように都の立場で実現できるものを取り上げることが大切です。

最後に、「都政もの」については、都政の多岐にわたる分野の課題について、幅広くかつタイムリーな情報を収集しながら準備を進める必要があります。通常の業務をこなしつつ、試験対策を行うことは大変かもしれません。しかし、試験対策の中で身に付けた知識は都政人として大変有効なものです。ぜひ、前向きに準備を進め、合格を勝ち取ってください。

第**3**章

論文攻略法

# 東京都主任試験ハンドブック 第33版

定価：本体2500円＋税

2023年6月5日　初版発行

編集人————㈱都政新報社　出版部
発行人————吉田　実
発行所————㈱都政新報社
　　　　　　　〒160-0023　東京都新宿区西新宿7-23-1　ＴＳビル
　　　　　　　電話03-5330-8788　　FAX 03-5330-8904
　　　　　　　振替00130-2-101470
　　　　　　　http://www.toseishimpo.co.jp/
デザイン————荒瀬光治（あむ）
印刷・製本——藤原印刷株式会社

ISBN978-4-88614-278-8 C2030
Ⓒ2023 TOSEISHIMPOSHA
Printed　in Japan